Um die Jahrhundertwende erschienen in der Berliner Tageszeitung »Deutsche Warte« die »Etikette-Plaudereien« von Eustachius Graf Pilati von Thassul zu Daxberg. In diesen Kolumnen empfiehlt der Autor das richtige Benehmen in der Gesellschaft: Vom »Messerhelden« über »Kinder und Hunde in Lokalen«, »Damen aufs Pferd helfen«, »Finger- und Spülschalen«, das »Handküssen«, »Radau-Esser« und »schwülstige Ausdrucksformen« ist ihm kein Benehmen zu fremd, um nicht mit ironisch-heiterem, aber auch gelassenen Ton und leicht hochgezogener Augenbraue kenntnisreich kommentiert zu werden.

Rainer Erlinger hat sich dieses vergessenen Stilisten des Zwischenmenschlichen angenommen. Aus den vielen Kolumnen hat er nun eine Auswahl getroffen, rückt sie in den aktuellen Kontext und erläutert in einem Nachwort die bleibende Bedeutung dieses großen Vergessenen der Etikette-Ratgeber.

Eustachius Graf Pilati von Thassul zu Daxberg, geboren 1870, gestorben 1941, entstammte einem Trienter Adelsgeschlecht und lebte als Schriftsteller und Kolumnist in Berlin.

Rainer Erlinger, geboren 1965, ist Mediziner und Jurist. Nach seinen Tätigkeiten als wissenschaftlicher Mitarbeiter, Arzt und Rechtsanwalt arbeitet er jetzt als Publizist, vor allem auf dem Gebiet der Ethik. Einem großen Publikum ist er durch seine Kolumne »Die Gewissensfrage« im Magazin der Süddeutschen Zeitung bekannt geworden, in der er allwöchentlich die kleinen und großen Ethikprobleme seiner Leser erörtert. Im S. Fischer Verlag sind zuletzt erschienen ›Höflichkeit. Vom Wert einer wertlosen Tugend‹ (2016), ›Moral. Wie man richtig gut lebt‹ (2012) sowie im Fischer Taschenbuch ›Darf man Eltern sagen, dass ihre Kinder nerven? Und andere Gewissensfragen aus dem Alltag‹ (2016), ›Gewissensbisse. Antworten auf moralische Fragen des Alltags‹ (2011) und ›Nachdenken über Moral. Gewissensfragen auf den Grund gegangen‹ (2012).

Weitere Informationen finden Sie auf www.fischerverlage.de

Eustachius Graf Pilati
von Thassul zu Daxberg

Etikette-
Plaudereien

*Herausgegeben und
mit einem Nachwort versehen
von Rainer Erlinger*

FISCHER Taschenbuch

Originalausgabe

Erschienen bei FISCHER Taschenbuch
Frankfurt am Main, Dezember 2016

© 2016 S. Fischer Verlag GmbH, Hedderichstr. 114,
D-60596 Frankfurt am Main

Satz: pagina GmbH, Tübingen
Druck und Bindung: CPI books GmbH, Leck
Printed in Germany
ISBN 978-3-596-03695-0

Inhalt

Vorbemerkung des Herausgebers

Im Jahre 1904 erschien im Deutschen Druck- und Verlagshaus G.m.b.H. in Berlin ein liebevoll aufgemachter Jugend-
stilband »Etikette-Plaudereien« von Eustachius Graf Pilati
von Thassul zu Daxberg. Offenbar erfreute er sich so großer
Beliebtheit, dass in den folgenden Jahren drei weitere Auf-
lagen mit insgesamt 12 000 Exemplaren erschienen, ab der
dritten Auflage in einer einfacheren Aufmachung. Nach 1910
ist keine Neuauflage mehr nachweisbar.

Der Band enthielt Kolumnen, die Graf Pilati unter dem
Pseudonym E. von Thassberg in der Zeitung »Deutsche Warte« veröffentlicht hatte.

Die hier vorliegende Neuausgabe versammelt eine Auswahl
davon nach Themen sortiert. Die Texte wurden zu diesem
Zweck behutsam redigiert und die Rechtschreibung den heutigen Regeln angepasst.

Meinen geneigten und nicht geneigten Lesern

Bitte ausnahmsweise das Vorwort auch zu lesen.

Plaudereien nenne ich mein kleines Opus. Dadurch, sowie durch die nachfolgende Erklärung möchte ich jene Leser etwas milder stimmen, die eine übersichtliche Einteilung des Stoffes vermissen. Meine Plaudereien sind nämlich in Zwischenräumen, und zwar meist in den Sonntagsausgaben der »Deutschen Warte« erschienen; es sind Betrachtungen teils über eigene Beobachtungen, teils über Etikettefragen, die von befreundeter Seite, und vor allem von Lesern der »Deutschen Warte« angeregt wurden, auch direkte Antworten auf Anfragen aus diesem Leserkreis. Infolge der Verschiedenartigkeit der oft gleichzeitigen Anfragen und Anregungen, vermochte ich keine einheitliche Disposition aufzustellen.

Ich hoffe, dass Manchem manches lesenswert erscheinen wird. Wem's nicht gefällt, der höre möglichst bald auf weiter zu lesen, und zürne mir nur so lange, bis er einmal für ein anderes Buch, das ihm noch weniger behagt, noch mehr Zeit und Geld geopfert hat.

In der »Deutschen Warte« erschienen meine Plaudereien unter dem Namen E. von Thassberg. Ich gebe hier meinen wirklichen Namen, um keinen anderen in einen vielleicht nach seiner Ansicht »hässlichen« Verdacht zu bringen!

Eustachius Graf Pilati
von Thassul zu Daxberg

Hinführung

Wie lange trauert man um seine Schwiegermutter? – Wie isst man Erbsen? – Wieviel Visitenkarten gibt man ab? usw. usw. Kunterbunt durcheinander sind mehrfach derartige Anfragen an unser Blatt »Deutsche Warte« ergangen. – Nachfolgendes soll über den guten Ton handeln und besonders auf einzelne eingelaufene Anfragen antworten.

Sinn und Grenzen dieses Buches.
Trost

Wenn auch Vornehmheit des Charakters unvergleichlich höher steht wie jene äußere Vornehmheit, so ist diese letztere, die sich in tadellosem Benehmen, in guten Manieren kundgibt, doch keineswegs zu unterschätzen.

Wer infolge seiner sozialen Stellung oder aus irgend anderen Gründen – z. B. angeregt durch eine keineswegs tadelnswerte Eitelkeit – das Bestreben hat, auch durch äußere Formen zu gefallen, den dürften diese Zeilen interessieren. Guter Inhalt wird noch mehr gewürdigt in schöner Schale, und ein edler Mensch wird durch ein vornehmes Äußeres sicher gewinnen, ja sogar sich oft erst dadurch zur verdienten Geltung bringen. Gerade betreffs äußerer Formen begegnet man oft ungemein schroffen und kleinlichen Urteilen seitens wirklicher oder vermeintlicher Kenner. »Mit dem Menschen kann man nicht zusammensitzen, der isst mit dem Messer.« Mancher also Kritisierte ist vielleicht innerlich anständiger als der gestrenge Kritiker, wenn er auch unanständiger isst.

Guter Inhalt wird noch mehr gewürdigt in schöner Schale.

Dies zum Troste für Diejenigen, welche sich für äußere Formen nicht interessieren können oder wollen.

Etikette-Protzen

Eine Zuschrift aus dem Leserkreise veranlasst mich hervorzuheben, diese Ausführungen sollen sich nicht einfach darüber äußern, was auf den verschiedenen Gebieten der Etikette für das Vornehmste gilt, und aus welchen Gründen, sondern sie sollen auch gegen eine Überschätzung des Wertes äußerer Formen ankämpfen und eine milde Beurteilung des lieben Nächsten gerade hierin befürworten. Was können denn X und Y dafür, wenn sie nicht dieselbe gute Kinderstube genossen haben, wie der »feine« Z, wenn sie unter Verhältnissen oder in einer Umgebung groß geworden sind und bisher gelebt haben, welche ihr Augenmerk wenig oder gar nicht auf den sogenannten guten Ton hinlenkten?! Also, feiner Z, sei milde, auf dass auch Du milde beurteilt werdest von Jemandem, der Dir noch über ist.

Kleinere Verstöße der Mitmenschen zu bemängeln und größere Verstöße gegen den guten Ton selbst zu begehen, dies Verfahren kann man oft bemerken.

Kleinere Verstöße der Mitmenschen zu bemängeln und größere Verstöße gegen den guten Ton selbst zu begehen, dies Verfahren kann man oft bemerken.

Gemessenes Benehmen

Im Allgemeinen wird ein ruhiges, gemessenes Benehmen einen vornehmeren Eindruck machen, als ein unruhiges und hastiges. Schnelle und dabei gewandte Bewegungen sind nur besonders begnadeten Menschenkindern eigen; andererseits aber kann eine augenscheinlich erkünstelte zu große Ruhe, ein steifes Einherstolzieren mit gewichtiger Miene die Umgebung zur Kritik reizen, ob denn auch ein solches Gebaren à la Großmogul durch die soziale Stellung oder durch das Leben und Wirken des Betreffenden gerechtfertigt erscheint. Ich werde nie den Kontrast vergessen, mit welch' einfacher Würde ich vor etlichen Jahren einmal bei Hofe in Berlin den großen Moltke den Weißen Saal betreten sah, und mit welch' gravitätischer Selbstherrlichkeit hinter ihm ein kleiner Leutnant folgte.

Zum Beginn:
Vorstellung und Begrüßung

Regeln und Natürlichkeit beim Vorstellen

Wie in vielen Etikettesachen, so ist es namentlich für die Art des Vorstellens schwer, allgemein gültige Regeln aufstellen zu wollen. Wie vielerlei Rücksichten da zu nehmen sind, möchte ich zunächst andeuten, indem ich viele Fragen in dem einen Satz zusammenquetsche: Es kommt darauf an, wer wen wo vorstellt. Natürliches Taktgefühl zu besitzen und sich davon leiten zu lassen, ist tausendmal besser, als sich in seinem Verhalten überall stumpfsinnig und sklavisch nach feststehenden Anstandsregeln zu richten. Es gibt Fälle, wo ich gerade dadurch feines Taktgefühl verraten werde, dass ich Etwas tue, was sonst etikettenwidrig wäre. Nehmen wir an, ich bekomme als Gast einer alten ehrwürdigen Dame ein Stück

Natürliches Taktgefühl zu besitzen und sich davon leiten zu lassen, ist tausendmal besser, als sich in seinem Verhalten überall stumpfsinnig und sklavisch nach feststehenden Anstandsregeln zu richten.

Torte vorgesetzt und zu seiner Vertilgung als einziges Instrument ein Messer – hoffentlich ist es stumpf! – so werde ich eben, wenn dies auch im Allgemeinen der Etikette zuwider ist, entweder mit den Fingern oder (entsetzlich!) sogar mit dem Messer die Torte zum Munde führen, Letzteres, wenn das Zeug fürs Anfassen mit den Fingern mir zu blübbrig oder klebrig ist. Das ist viel vornehmer und taktvoller, als eine alte Dame belehren zu wollen und – etwa noch mit süffisanter Miene – ihr vorzuhalten »ich darf wohl aber hierzu um eine Gabel oder wenigstens einen Löffel bitten!«

Außer durch Takt des Herzens, wie im eben erwähnten Beispiel, wird man oft durch seinen natürlichen Menschenverstand, durch irgend einen logischen Grund sich veranlasst sehen, in seinem Benehmen von dem abzuweichen, was für das Vornehmste gilt. Es gilt für das Vornehmste, den Leutnant Müller und den Referendar Hofmann »Herr Müller« und »Herr Hofmann« vorzustellen; man wird dies dann zweifellos tun, wenn man weiß, dieselben wollen so vorgestellt und genannt sein; es ist diese Art der Vorstellung dann auch artig und richtig gegenüber der Person, welcher ich die Genannten vorstelle, denn ich sage der betreffenden Persönlichkeit damit: So, wie ich Dir die Herren vorstelle, so wollen sie auch von Dir genannt und angeredet werden. Wenn ich aber weiß, meine Gewährsleute wollen lieber als Leutnant und Referendar vorgestellt werden, so werde ich eben ihren Wünschen entsprechen, wenn mein Sinn für Nächstenliebe stärker ist, als die Angst vor der schrecklichen Gefahr, für nicht ganz bewandert zu gelten betreffs der Art, wie ich Jemanden vorzustellen habe. Einen triftigen Grund, beim Vorstellen die Titel Leutnant und Referendar zu nennen, habe ich zum Beispiel auch, wenn ich es für angezeigt halte, dieselben näher zu kennzeichnen. Wenn ich meinen Referendar als solchen einem älteren Herren desselben Berufes vorstelle, so sagt sich dieser doch sofort: »Gott sei Dank, endlich ein verständiger Mensch, mit dem Du über das neue bürgerliche Gesetzbuch sprechen kannst!« Wenn ein Leutnant auf Urlaub Zivil trägt – außer auf Urlaub, kommt dies ja nie vor –, und ich habe irgend einen Grund, ihn beim Vorstellen näher zu bezeichnen, so werde ich ihn eben als »Herr Leutnant X.« vorstellen, da er zur Zeit nicht durch seine Uniform als Leutnant kenntlich ist. Aus seiner Haltung allein, also auch in Zivil, kann man den Leutnant als solchen nicht mehr sicher erkennen, auch andere, oft ganz junge Herren, selbst wenn sie »nicht einmal Korpsstudenten« sind, haben heutzutage vielfach die Kühnheit, durch sicheres Auftreten und elegante Kleidung einem Leutnant in Zivil zu gleichen!? Nur im Tanzen, finde ich, ist der Leutnant im Allgemeinen doch unerreichbar.

Murmeln

Wer sich geniert, von einer Etikettenregel abzuweichen, sobald er einen triftigen Grund dazu hat, ist eine ängstliche Natur, ohne Murr á Mumm im Leibe. Noch törichter ist es, eine widersinnige Sitte mitzumachen, aus einem gewissen Autoritätsdusel, nur weil gerade diejenigen Leute, die einem sonst imponieren, sich so oder so benehmen. Die Unsitte, beim Selbstvorstellen nur zu murmeln, anstatt seinen Namen deutlich auszusprechen, diese Unsitte habe ich früher namentlich bei Herren beobachtet, die mir durch eine besonders reservierte Vornehmheit und durch tadelloses äußeres Ajustement auffielen. Früher murmelte beim Vorstellen nur der Diplomat, der Gardekavallerist und der Kammerjunker, jetzt ist diese Sitte schon durch die vielen sozialen Zwischenabstufungen hindurch ziemlich weit nach unten gesickert. Den Grund hierfür sehe ich in jenem oben erwähnten Autoritätsdusel. Wem Vernunftgründe nicht maßgebend dafür sind, seinen Namen beim Vorstellen deutlich auszusprechen, der unterlässt vielleicht das Murmeln, weil diese Unsitte tatsächlich nicht mehr als ein apartes Erkennungszeichen der eleganten Welt gelten kann, sondern in allen Gesellschaftsschichten verbreitet ist. Eine Erklärung für die Sitte, seinen Namen kaum hörbar zu flüstern, kann man in einer wirklichen oder markierten Gleichgültigkeit finden. Entweder hat man dabei den bescheidenen Hintergedanken, es kann oder wird dem Anderen, dem man sich vorstellt, doch egal sein, wie man heißt, – oder aber man ist im Gegenteil sehr arrogant besaitet und hat den geheimen Gedanken: »Ich lege keinen Wert darauf, dass Du, verehrter Mitbürger, meinen Namen zu hören bekommst, und wenn Du ihn wissen willst, so kannst Du Dich ja bemühen, ihn durch Andere zu erfahren.« Manche begleiten das Murmeln ihres Namens mit einer ungemein wichtigen und geheimnisvollen Miene.

Es gibt ja Viele, denen es sicher imponiert, wenn sich dann der wie ein hochbedeutsames Staatsgeheimnis geflüsterte Name als

Der Zweck des Sprechens ist doch wohl der, gehört zu werden!

ein Freiherr »von, zu und auf« oder gar als ein »Prinz X.« entpuppt. Aber die überwiegende Mehrzahl, die über einen einfachen biederen Namen verfügt, sollte doch wenigstens von ihrem natürlichen Recht Gebrauch machen, beim Vorstellen ihren Namen hörbar auszusprechen. Der Zweck des Sprechens ist doch wohl der, gehört zu werden! Mancher kann ja schließlich in den Verdacht kommen, als genierte er sich, seinen einfachen Namen laut und deutlich zu nennen!

Die Kunst des Weglassens

Es gilt für besonders vornehm, oder galt jedenfalls dafür, denn jetzt ist es auch nicht mehr apart genug, wenn Adlige bei der schriftlichen oder mündlichen Angabe ihres Namens – also wenn sie sich selbst vorstellen oder bei Unterschriften – die Adelspartikel zwischen dem Vor- und Familiennamen ganz fortlassen. Beim Vorstellen nennt man nur den Familiennamen, und zwar gilt dies für das Vornehmste vom niederen Adel bis zum höchsten Adel hinaus. Also der Prinz Bolko Hohenburg stellt sich vor schlankweg »Hohenburg«, und zwar heutzutage wieder ganz deutlich; denn murmeln tun ja jetzt auch Nichtprinzen; er unterschreibt sich in Briefen – oder schräg auf seiner Photographie – und zwar mit großer Bismarckschrift: »Bolko Hohenburg«. – Adolar von Bramberg unterschreibt sich »Adolar Bramberg« und stellt sich vor: »Bramberg«. Das ist sehr bescheiden, so denkt der geneigte Leser. O nein! Viele Adlige mögen ja die Adelspartikel aus einer gewissen Nonchalance fortlassen, ein Teil macht es eben – überhaupt und so – mit. Aber mein Gewährsmann, der auf dem Mondflecken Nr. 87 wohnende Adolar von Bramberg, flüstert beim Vorstellen sein »Bramberg« mit einer Miene, aus der sein Gegenüber leicht entnehmen kann, Herr von Bramberg denkt im stillen Busen »es ist selbstverständlich, dass ich adlig bin, man muss es mir ansehen, auch muss man wissen, dass die Brambergs eben adlig sind«. Man kann sonst ganz gutmütig sein, aber doch seine Freude haben, wenn man erlebt, wie ein Herr von A. sich mit Weglassung der Adelspartikel vorstellt, aber dann nervöse Zuckungen bekommt, wenn er nur »Herr A.« angeredet wird. Ein kluger Herr von A. wird sich mit Gleichmut über die unheilvollen (?) Folgen seiner unvollständigen Namensnennung beim Selbstvorstellen hinwegsetzen, oder einfach darauf aufmerksam machen, dass er eben »von A.« heißt, ja unter Umständen, falls er einen auch als bürgerlich oft vorkommenden Namen trägt, dankbar für die Erkenntnis sein, in diesem Spezialfall doch lieber nicht fein zu sein, sondern sich in Zukunft besser als »von A.«, wie als »schlankweg A.« vorzustellen.

Das Weglassen der Adelspartikel beim Selbstvorstellen ist also meist eine nur vermeintliche Bescheidenheit, als wirkliche Bescheidenheit kann man es auffassen, wenn Jemand beim Selbstvorstellen nur seinen Familiennamen ohne Berufstitel nennt, und zwar als eine um so größere Bescheidenheit, je höher der Berufstitel ist. Nach meinen

Alles ist richtig, wofür ich einen logischen Grund habe.

Erfahrungen gilt es im Allgemeinen für das Vornehmste, beim Selbstvorstellen nur seinen Familiennamen ohne Berufstitel zu nennen, namentlich wenn Letzterer ein verhältnismäßig niedriger ist. Aber – wie schon betont – Alles ist richtig, wofür ich einen logischen Grund habe. Lässt sich der Hauptmann M. in der Gesellschaft lieber »Herr Hauptmann M.« als, »Herr M.« titulieren, so wird er sich eben auch »Hauptmann M.« und nicht allein mit »M.« vorstellen. Auch wenn ich mich Jemandem vorstelle, von dem ich annehmen kann, er nennt den lieben Nächsten lieber mit seinem Berufstitel als mit dem bloßen Namen, weshalb soll ich ihm dann meinen Berufstitel verheimlichen!? Wenn ich mich z. B. Vielen vorzustellen habe und Wert darauf lege, von Berufsgenossen gleich erkannt zu werden, so ist doch eben das einzige Mittel hierzu, meinen Berufstitel beim Vorstellen zu nennen. Jemandem, der mir etwa markieren wollte, in der Zeremonie des Selbstvorstellens verdiente ich nicht die beste Zensur, den würde ich höflich und bestimmt bitten, eine andere Ansicht haben und dieser meiner Ansicht als der für mich maßgebendsten folgen zu dürfen.

Sich selbst vorstellen

Es ist Sitte, dass sich Herren nur etwa Gleichgestellten selbst vorstellen; einer Dame oder einem durch sein Alter oder sein Ansehen bedeutend höher stehenden Herrn wird man sich – wenn möglich – durch Andere vorstellen lassen, weil dies eben feierlicher ist. Ein Herr, der sich in diesen beiden Fällen selbst vorstellt, wird seine Abweichung von dieser Regel – namentlich Damen gegenüber – zu begründen suchen etwa mit den Worten: »In Ermangelung eines Dritten darf ich mich wohl selbst vorstellen, mein Name ist X.« Statt »Sich vorstellen« gebraucht man mit Vorliebe vielfach die einfacheren Worte »Seinen Namen nennen«, die dem wirklichen Vorgange doch eigentlich mehr entsprechen; denn unter dem Begriff Vorstellung müsste man eine längere Beschreibung als eine bloße Namensnennung verstehen. Unter etwa gleichgestellten Herren wird sich der zuerst vorstellen, der entweder – dies gilt für kleinere Gesellschaften – später erschienen ist, oder – bei großen Festen – Derjenige, der eben das Bedürfnis hat, sei es, einen Bestimmten kennen zu lernen, sei es, überhaupt Bekanntschaften zu machen. Übrigens

Man darf im Punkt »Vorstellen« nicht kleinlich sein.

für die Unsitte, sich leise vorzustellen, möchte ich in großen Gesellschaften als Milderungsgrund anführen, man wird sich die Namen aller Derer, die man kennen lernt, doch schwerlich merken können. Das Vorstellen – namentlich da man eben die Namen selten deutlich versteht – ist eigentlich eine sehr lästige Sitte; am praktischsten wäre es, wie dies hier und dort im Auslande geschieht, wenn der Stand und Name des eintretenden Gastes einfach durch einen dienstbaren Geist laut verkündet würde, statt aller weiteren Vorstellungen, mit deren Vermittlung man gewöhnlich die so wie so in Anspruch genommenen Wirte belästigt. Man darf im Punkt »Vorstellen« nicht kleinlich sein. Absichtliche Unterlassung wird es doch bei einem anständigen Menschen nie sein, wenn er sich einer Dame oder einem höher stehenden Herrn in einer Gesellschaft nicht vorstellen lässt. Je größer die Gesellschaft ist, um so leichter wird ein solches Versehen vorkommen. Ein wahrhaft vornehmer, billig und gerecht denkender Mensch wird für das Tun und Lassen des Nächsten immer die für diesen vorteilhafteste Erklärung finden, und das ist eben für das Unterlassen des Vorstellens eine einfache und bei großen Gesellschaften wahrhaftig verzeihliche Vergesslichkeit. Ein Höherer verrät wenig Selbstbewusstsein, wenn er denkt, Jemand, der es – unseren Gebräuchen zuwider – unterließ, sich ihm vorzustellen, hätte ihn absichtlich verletzen wollen. Aber das diesem Jemand etwa noch zu markieren, ist geradezu töricht, denn es ist ja auch für den seltenen Fall ungewandt, dass dieser Jemand den Anderen wirklich schneiden wollte. Wenn der sozial tiefer stehende A. den B. absichtlich nicht beachtet, dann schenkt ihm ja B. eine bedeutend größere Aufmerksamkeit, sobald er dem A. die hohe Ehre erweist, sich durch die Taktlosigkeit des A. verletzt zu zeigen. Wenn man sich nach unseren gesellschaftlichen Sitten nicht verletzt fühlen muss, so ist es am bequemsten und stolzesten, auch sogar absichtliche Vernachlässigungen seiner Person zu übersehen und der Ansicht zu huldigen, die Taktlosigkeit eines Anderen kann nur diesem selbst schaden.

Auch ein anderes Versehen kann Einem leicht passieren, sich Jemandem zweimal auf einer Gesellschaft vorzustellen. Auch dadurch fühlen sich eingebildete und kleinliche Menschen verletzt. Das gewohnheitsmäßige »Ich habe schon die Ehre gehabt«, das sehr liebenswürdig klingen kann, wird dann von einem solchen Unglücksraben, der überall argwöhnisch Bosheiten wittert, etwas scharf ausgesprochen. Ich finde es vornehmer, den Andern sein Versehen überhaupt nicht fühlen zu lassen, also auch nicht durch ein liebenswürdiges »Ich hatte schon die Ehre«. Es ist natürlicher und praktischer, dem Andern, der sich Einem zum zweiten Male vorstellt, einfach – ohne jedes Zeichen der Verwunderung – eben den eigenen Namen auch zum zweiten Mal zu nennen; denn scheinbar hat er meinen Namen doch wieder vergessen und das usuelle »Ich hatte bereits die Ehre« sagt ihm doch nicht, wie ich heiße. Es kann ja Fälle geben, wo man das Herzensbedürfnis hat, Jemandem seine Nachlässigkeit vorzuhalten, aber in solchen Fällen bin ich für eine möglichst deutliche Kundgebung, wie etwa durch die Worte: »Ich heiße immer noch X.« – oder aber: »Mehr wie viermal sage ich Ihnen meinen Namen nicht, dann gebe ich es auf, dass Sie ihn behalten«. – »Den ganzen Namen behalten Sie doch nicht, ich werde Ihnen vorläufig nur die erste Silbe nennen.«

Sehr angenehm – oder auch nicht

Ich bin für möglichste Vermeidung trivialer Phrasen, auch des liebenswürdigen »Ich hatte bereits das Vergnügen oder die Ehre«. Wenn es auch kleinlich ist, Jemandem ein abermaliges

> *Ich bin für möglichste Vermeidung trivialer Phrasen.*

Vorstellen übel zu nehmen, deshalb braucht man dem Betreffenden doch nicht für seine Unachtsamkeit das Kompliment zu machen, dass man schon die Ehre und das Vergnügen hatte. Wenn man der abermaligen Nennung des eigenen Namens noch etwas hinzufügen will, damit der Vorstellungswütige nicht zum dritten Male kommt, dann sagt man vielleicht noch: »Übrigens, wir haben uns schon mal verraten, wie wir heißen« oder Ähnliches. Man muss die Gewandtheit haben, Jemandem einen kleinen Denkzettel geben zu können, ohne ihn deshalb zu verletzen. Noch schrecklicher finde ich beim Vorstellen die Phrase »Sehr angenehm«. Das ist doch auch dann geradezu eine Unwahrheit, wenn ich von dem Anderen noch nie etwas gehört habe; denn in diesem Falle weiß ich doch noch gar nicht, ob mir die Bekanntschaft des Anderen wirklich angenehm ist. Der Andere kann sich ja in meinen Augen als ein grässlicher, unausstehlicher Peter entpuppen. Etikettewidrig grob, aber logisch wäre es, beim

Vorstellen auf ein »Sehr angenehm« unter Umständen statt des gleichlautenden Echos zu erwidern: »Ja, ich kann noch kein Urteil fällen, ich muss Sie erst kennen lernen.« Viele leiten auch die Nennung ihres Namens ein durch die Worte z. B. »Gestatten Sie« oder gar »Verzeihen Sie, mein Name ist Lehmann«. Ich würde dann doch lieber den abgekürzten Satz ganz aussprechen, also »Gestatten Sie, dass ich mich Ihnen vorstelle«. Denn wenn man die obigen beiden Abkürzungen wörtlich auffasst, so ist es doch etwas zu viel höfliche Demut, einen Anderen um die Erlaubnis zu bitten, »Lehmann« heißen zu dürfen, oder gar seines biederen Namens wegen um Verzeihung zu bitten.

Vorstellen und Verbeugen

Man ist im Allgemeinen nicht mehr kleinlich im Vorstellen und betrachtet, zumal in größeren Gesellschaften, das Unterlassen des Vorstellens als eine verzeihliche Unachtsamkeit. Natürlich, je mehr Ansehen Jemand in der Gesellschaft genießt, mit um so größerem Rechte kann er Beachtung seitens der Anderen beanspruchen. Ist eine Gesellschaft zu groß, um sich Allen vorstellen lassen zu können, so wird man dies – nächst den Wirten – nur gegenüber den nächsten Angehörigen der Wirte tun und gegenüber denjenigen Personen, die in der betreffenden Gesellschaft die erste Rolle spielen oder zu denen man besondere Beziehungen hat oder endlich mit denen man eben gern

Das ewige Vorstellen wirkt auf die Dauer ermüdend.

bekannt werden möchte. Das ewige Vorstellen wirkt auf die Dauer ermüdend; wenn man z. B. Vielen hintereinander vorgestellt wird, so kann man deren Namen doch schwer behalten, das Vorstellen ist dann eben oft eine eigentlich zwecklose Formensache und ich halte es entschieden für praktisch, in einer großen Gesellschaft nach Verlauf einiger Zeit anzunehmen, dass man eben Allen vorgestellt ist. Sollte man im späteren Verlauf einer großen Gesellschaft Jemanden ansprechen und diesem Jemand es an der Nase ansehen, er führt im Geiste Buch darüber, wer ihm vorgestellt ist, und ist man nicht ganz sicher, es getan zu haben, so kann man ihm ja in bescheidenem, höflichem Ton erklären: »Ich bin nicht ganz sicher, ob ich mich Ihnen schon bekannt gemacht habe« usw. Ein Mensch von Selbstbewusstsein sollte sich die kleinliche Sorge sparen, ängstlich darüber zu wachen, ob auch Keiner ihm die äußerliche Ehrung des Vorstellens vorenthält. Einer hochstehenden Persönlichkeit wird man sich tunlichst besonders vorstellen lassen und nicht auch zugleich der Umgebung dieser Persönlichkeit. Wenn A. den B. bittet, ihn einem größeren Kreise auf einmal vorzustellen, so genügt es, wenn B. nur den Namen des A. nennt.

Da es für A. doch schwer ist, viele Namen auf einmal zu behalten, so verlangt es verständigerweise die landesübliche Etikette keineswegs, dass B. auch die Namen aller übrigen Personen aufzählt, denen er den A. vorstellt. B. wird etwa sagen: »Gestatten Sie, meine Damen und Herren, dass ich Ihnen Herrn A. vorstelle!« Und dann darf der sprachliche Teil dieser Zeremonie beendet sein. Herr A. wird sich langsam mehrfach verneigen und zwar in der Reihenfolge und in der Tiefe seiner Bücklinge auf die gesellschaftliche Berechtigung der einzelnen Personen auf größere oder geringere äußere Ehrung Rücksicht nehmen. Also vor der Dame wird die Frei-übung »Kopf vorwärts beugt« etwas tiefer ausgeführt, als vor dem Herrn. Innerhalb jeden Geschlechtes ist natürlich das Lebensalter und die Höhe der Berufsstellung – bei Damen außerdem die wichtige Frage »ob Frau, ob Fräulein« und bei Frauen die Berufsstellung des Ehegatten – entscheidend für die Tiefe, bis zu welcher der Vorgestellte sein Haupt langsam herabneigt. Langsam herabneigen und langsam das Haupt wieder heben! Um Himmels willen nicht ruckartig den Kopf in der Richtung nach vorn und unten stoßen und ruckartig wieder zurückschnellen, wie eine Henne, die ein Haferkorn aufpickt! Das macht einen ungewandten, ängstlichen Ein-druck. Sich langsam verbeugen macht einen formensicheren, selbstbewussten Eindruck, es ist auch deshalb praktisch, weil man dabei sein Gegenüber beobachten kann, wie es die ihm erwiesene Ehrung aufnimmt. Beobachtet man bei Beginn seines Bücklings an seinem Gegenüber einen ungerechtfertigt hochmütigen Gesichtsausdruck — bei jungen, sehr verwöhnten Damen nennt man das »schnippisch« —, dann wird man sich eine noch tiefere Neigung des Kopfes unter Umständen schenken. Es macht einen sklavischen, dürftigen Eindruck, in seinen Ehrerbietungsausdrücken zu freigebig zu sein gegenüber Jemandem, der dieselben scheinbar nicht würdigt. Dann lieber als Quittung für den vom Gegenüber markierten Hochmut den eigenen Kopf weniger tief nach unten neigen und dafür beim Heben des Kopfes lieber etwas mehr zurück und nach oben fahren und dadurch andeuten, »Hochmut imponiert uns nicht, hochmütig sein können wir selbst, wenn wir wollen«. Ein hochmütiges Wesen soll oft den Schein einer größeren Berechtigung zum Stolz erwecken, als tatsächlich vorhanden ist. Manche denken, vornehme, hochstehende Personen sind meist reserviert und kühl; also je unfreundlicher Du bist, um so mehr imponierst Du! Vielen imponiert das ja auch sicherlich; aber an der Meinung Derjenigen, denen das ganz und gar nicht imponiert, sollte einem mehr liegen.

Begrüßung

Anfrage: »Wie soll ein junger Mann, der täglich seine Lehrerin besucht, die Dame begrüßen? Soll er immer denselben Gruß oder überhaupt nichts sagen? Was soll man morgens, nachmittags und abends sagen? Wie soll man seinen Lehrer begrüßen?«

Der Name des Fragestellers bleibt ja Amtsgeheimnis, also er möge mir nicht zürnen, wenn ich … als »Benehmigungs«-Ratschlag die Warnung ergehen lasse: Man sage nie und nimmer des Abends zu seinem Lehrer: »Guten Morgen, Fräulein X.« und nie des Morgens zu seiner Lehrerin: »Guten Abend, Herr Z.«; denn man könnte für krank oder

Wie in sprachlichen Ergebenheitsausdrücken – also brieflich oder mündlich –, so soll man auch in den körperlichen Ehrerbietungsbezeugungen, wie bei Verbeugungen, nie zu überschwänglich sein.

mindestens zerstreut – ja unter Umständen für boshaft gehalten werden. Zum Beispiel, wenn der Lehrer etwa ein zartes, weibisches Äußeres, oder die Lehrerin etwa einen Schnurrbart hat!

Wie in sprachlichen Ergebenheitsausdrücken – also brief-lich oder mündlich –, so soll man auch in den körperlichen Ehrerbietungsbezeugungen, wie bei Verbeugungen, nie zu überschwänglich sein, schon um sich gegebenen Falles noch überbieten zu können. Wenn ein strebsamer Gerichtsassessor vor dem Landgerichtspräsidenten wie ein Taschenmesser zu-sammenknickt, wie soll er sich dann angesichts eines Ober-landesgerichtspräsidenten bei Bücklingen gebärden – ja, vor dem Justizminister muss er dann mindestens Kopf stehen.

Der Handkuss

Mehrere Anfragen betreffen den Handkuss. Der Herr darf den Versuch machen, jeder verheirateten Frau oder jeder älteren, unverheirateten Dame, die ihm die Hand reicht, auch die Hand zu küssen. Er darf den Versuch hierzu machen! Das heißt, mit derselben vornehmen Ruhe, mit der sich ein gewandter Herr verbeugen wird, soll er auch die Hand einer Dame zu sich emporheben oder sich auf die ihm gereichte Hand herabneigen, um der Dame, die den Handkuss nicht will, es zu ermöglichen, unauffällig und langsam ihre Hand wegzuziehen. Die erste Vorbedingung zum Handkuss ist für einen Herrn die, dass ihm die Dame überhaupt die Hand reicht! Grade in den vornehmsten Kreisen sind die Damen

weniger zimperlich darin, einem Herrn, den sie für gesellschaftlich gleich erachten, die Hand zu reichen, sogar schon
beim ersten Vorstellen.

Wie ich in meiner letzten Plauderei bei Verbeugungen ein
langsames Neigen des Kopfes empfahl, so möchte ich auch bei
einer anderen Ehrerbietungsbezeugung, nämlich derjenigen
des Handkusses, für ein ruhiges Verfahren plädieren. Im Allgemeinen darf der Herr
nur einer Dame die
Ehrerbietung des Hand-
kusses erweisen, und
zwar jeder verheirateten
Frau, auch der jüngsten
Frau, und einem älteren

*Einem jüngeren Fräulein die
Hand zu küssen, darf sich bei uns
höchstens ein schon sehr bejahrter
Herr erlauben.*

Fräulein. Von jüngeren Fräuleins darf man im steifen Mit-
tel- und Norddeutschland leider nur verwandten Damen die
Hand küssen, wenn man vor dem strengen Urteil der Eti-
kettemenschen bestehen will. Weniger streng sollen in dieser
Hinsicht die Sitten im südlichen Deutschland und in fremden
Ländern, wie in Österreich und Russland, sein. Einem jüngeren Fräulein die Hand zu küssen, darf sich bei uns höchstens
ein schon sehr bejahrter Herr erlauben, dem dann ein solcher
Handkuss als liebenswürdiger Scherz oder als Zeichen väter-
licher Zuneigung ausgelegt zu werden pflegt. Es gibt auch in

Deutschland Herren, die den Handkuss als Höflichkeitspflicht selbst den ältesten verheirateten Damen gegenüber nicht anerkennen – meist, weil sie ihn für eine slawische oder sogar sklavische Sitte halten. Im Allgemeinen aber unterzieht sich der Etikettemensch der Sitte des Handkusses, namentlich älteren verheirateten Frauen gegenüber. Es dürfte schwierig sein, alle Fälle anzuführen, die auch nur ein einziges Gebiet des guten Tones erschöpfen; aber nachfolgendes Beispiel möchte ich anführen als ein Zeichen wahren Taktgefühls. Wenn ein Herr zwei Damen zugleich begrüßt, und zwar eine zwanzigjährige Frau und ein vierzigjähriges Fräulein – von gleicher sozialer Stellung – so wird er als Mann von Takt entweder beiden Damen die Hand küssen, oder Keiner von Beiden, aber nicht etwa der verheirateten jungen Frau, angesichts des älteren Fräuleins, allein die größere Ehrung des Handkusses zukommen lassen.

Die Hauptvorbedingung des Handkusses ist die, dass Einem eine Dame überhaupt die Hand entgegenstreckt. Wie ein Herr einem sozial oder durch sein Lebensalter höher stehenden anderen Herren nicht die Hand zuerst reichen darf, so muss jeder Herr abwarten, ob eine Dame, zumal eine ihm mehr oder minder fernstehende Dame, ihm überhaupt die Gunst, die Hand zu reichen, erweist. Natürlich, wenn Herr und Dame sich gut kennen und er genau weiß, dass die Gnädige ihm diese Gnade erweist, so wird sich das Entgegenstrecken der Hände seitens beider Teile wohl meist – ganz unwillkürlich – gleichzeitig vollziehen. Sonst aber heißt es abwarten, denn es ist ein kleiner Reinfall und gibt bei einem empfindsamen Herrn einen roten Kopf, wenn die von ihm einem höher stehenden Herrn oder einer Dame zuerst entgegengestreckte biedere Rechte von dem verehrten Gegenüber absichtlich ganz übersehen wird. Der also elend Gebrandmarkte wird sich hoffentlich damit zu trösten wissen, dass es noch größeres Elend gibt, als das seinige; bereits Zahnschmerzen würde ich hierzu rechnen. »Geschehen ist geschehen«, und gerade bei gesellschaftlichem Reinfall bin ich dafür, sich möglichst schnell zu trösten, allerdings aber auch eine Lehre für sein zukünftiges Verhalten daraus zu ziehen. Vielleicht könnte man das Peinliche einer solchen Situation auch durch einen Kalauer mildern, seine vorgestreckte Hand nicht zurückziehen und zum hochmütigen Gegenüber etwa sagen: »Dass ich meine Hand so ausstrecke, das ist eine Geste, die zu dem passt, was ich Ihnen sagen wollte. Leider habe ich im selben Moment vergessen, was ich sagen wollte.«

Es gibt Damen, die einem Herrn zum Gruße zwar die Hand reichen, aber trotzdem keinen Handkuss von ihm wollen. Abgesehen davon, dass ein hastiges Ergreifen und Küssen der Damenhand seitens eines Herrn meist linkisch und unvornehm aussehen wird, ist die Abneigung mancher Dame gegen den Handkuss der triftigste Grund dafür, weshalb der Herr bei dieser Zeremonie langsam vorgehen soll; denn die Dame, welche den Handkuss nicht will, soll imstande sein, ihre Hand in unauffälliger Weise aus der Hand des Herrn wieder zurückzuziehen. Der Salonmann wird am passiven Widerstand einer Dame merken, sie will seinen Handkuss nicht, und er wird dann den Versuch hierzu aufgeben. Es ist wohl selbstverständlich, dass man die Damenhand nur mit trockenen Lippen und leicht und leise berührt; gleichwohl glaube ich dies besonders erwähnen zu dürfen, da ich schon – wenn auch selten – Augen- und Ohrenzeuge von festen und lauten Handküssen war. Derjenige, der, wie bei Verbeugungen, so auch beim Handkuss für Nuancierungen schwärmt, wird eine größere Ehrung dadurch markieren, dass er sich tiefer auf die Hand der Dame herabbeugt. Die Hand einer Dame, der man durch längere Bekanntschaft, durch sein Alter oder noch schönere (?) eigene Vorzüge den ganz Ergebenen nicht übermäßig zu markieren braucht, die Hand einer solchen Dame wird man mehr mit langsamer Grandezza zu sich emporziehen unter geringerer Krümmung des eigenen Rückgrates. Jüngere unverheiratete Damen werden nur älteren Frauen oder im Ver-

Der vornehme Mensch wird sich in seinen Manieren gleichzubleiben suchen, ob er sich nun zu Hause oder in Gesellschaft befindet.

hältnis zum eigenen Alter hochbetagten Fräuleins die ihnen zuerst dargereichte Hand zu küssen versuchen. Wer sich der Höflichkeitssitte des Handkusses unterwirft, der soll diese Sitte auch gelegentlich offiziell gegenüber den betreffenden Damen unter seinen Angehörigen ausüben. Der vornehme Mensch wird sich in seinen Manieren gleichzubleiben suchen, ob er sich nun zu Hause oder in Gesellschaft befindet. Weshalb sollte man die Ehrung des Handkusses, wenn man sie einer fremden Dame erweist, der eigenen Mutter oder Frau zu gewähren sich vor Anderen genieren?

»Gnäjes« Fräulein!
Schwülstige Ausdrucksformen

Wie reden sich junge unverheiratete Damen untereinander an? – Von adligen Fräuleins untereinander habe ich nur die Anrede: Fräulein und den Familiennamen gehört, z. B.: »Fräulein von X.« Von bürgerlichen gleichaltrigen Fräuleins vernahm ich jedoch öfter die Anrede »gnädiges Fräulein«; mir kommt dies – wohlgemerkt: bei geringem Altersunterschied und gleicher sozialen Stellung der Damen – affektiert und protzig vor. Beinahe hätte ich mich verschrieben und statt »affektiert« mir die etikettenwidrige Bezeichnung »affig« geleistet. Auch die Erklärung, dass eine junge Dame die andere

»gnädiges Fräulein« nenne, weil sie den Familiennamen nicht wisse, wird nur selten zutreffen; denn in den meisten Fällen bedarf es doch eigentlich überhaupt keiner Namensnennung; dass ich mit Jemandem sprechen will, merkt dieser Jemand doch daran, dass ich dicht bei ihm bin und ihn ansehe und auf ihn zu spreche. Und mit »gnädiges Fräulein« bezeichne ich doch keine bestimmte Dame. Gnädige Fräuleins sind sie doch alle, auch die Ungnädigen. Also »gnäjes Fräulein«, wie der Zeitersparnis wegen meist nur gesagt wird, das lasse man nur für jüngere Fräuleins und Frauen zur Anrede der älteren Fräuleins reserviert und für Herren zur Anrede aller Fräuleins, wenn diese Herren ihr höfliches Untertänigkeitsgefühl betonen wollen. Aber, meine Herren, nicht beständig Sätze bilden, wie: »Gnädigstes Fräulein waren gestern auf der Eisbahn, werden gnädiges Fräulein morgen usw.« Allzu viel ist ungesund, und das ewige »gnädig« und »gnädigst« stimmt jene Damen sicherlich ungnädig, die einer natürlichen Redeweise vor einer geschraubten phrasenhaften den Vorzug geben.

»Sie, heda! Sie« wäre natürlich für ein gesellschaftliches Anrufen etwas, oder vielmehr sehr unzart.

»Sie, heda! Sie« wäre natürlich für ein gesellschaftliches Anrufen etwas, oder vielmehr sehr unzart, – dahingegen kommt es immer mehr auf, in der Unterhaltung sich des einfachen »Sie« zu bedienen und besondere Anreden und Titulaturen nur zu Beginn der Unterhaltung und während derselben nur sparsam zu verwenden.

Ältere Fräuleins und Frauen werden sich im Allgemeinen gegenüber jüngeren auch das »gnädig« in der Anrede sparen und dieselben eben Fräulein X. und Frau X. ansprechen; denn Gnade kann doch nur der höher Stehende betätigen, also gnädig nur die in der Gesellschaft mehr geehrte ältere Dame gegenüber der jüngeren sein.

Damen auf dem Couvert

Durch eine Zuschrift von wohlunterrichteter und höchst kompetenter Seite werde ich auf folgenden Punkt aufmerksam gemacht. Wenn der Unterscheidung wegen die Angabe des Vornamens einer Dame auf dem Couvert nicht nötig ist, so gilt es im Allgemeinen für chevaleresker und als Zeichen einer mehr reservierten und weniger vertraulichen Höflichkeit, dass Herren beim Adressieren der ihnen ziemlich fernstehenden Dame deren Vornamen nicht angeben. Ich selbst will dies in Zukunft beachten, da ich es wohl für möglich halte, dass manche in der Angabe des Vornamens ein Zeichen einer gewissen Intimität erblicken. Also wer an ein Fräulein schreibt, das noch mindesten eine Schwester hat, ist fein raus, der darf und muss sich vertraulich gebärden und der Unterscheidung wegen auch den Vornamen der Dame auf der Adresse anführen. In Amerika ist es Sitte, die älteste Tochter z. B. Miss Miller (ohne Vornamen), und die jüngeren Schwestern z. B. Miss Mary Miller, Miss Ethel Miller zu nennen. Es ist eigentlich grausam, die Miss Miller dadurch deutlich als Älteste zu kennzeichnen; Miss Miller kann doch nichts dafür, eine von drei Schwestern muss doch die älteste sein, wenn sie nicht Drillinge sind.

Schlussfloskeln

Wie in den schriftlichen Anreden, neigt man jetzt dazu, auch am Schluss eines Briefes weniger schwülstig als früher zu verfahren. Die briefliche Anrede »Hochwohlgeborene Frau« und in der zweiten Zeile »Hochzuverehrende gnädigste Frau« oder »Hochgeborener Herr« und in der Zeile darunter »Hochverehrter Herr Graf«, solche Anrede-Seeschlangen wird man sich heutzutage wohl nur selten leisten, sondern höchstens, wenn man Grund zu einer ganz besonderen Ehrung zu haben glaubt. Auch am Schluss des Briefes hat man sich zwar etwas, aber noch viel zu wenig, gebessert, man »erstirbt« nicht mehr in allen möglichen und unmöglichen Untertänigkeitsausdrücken, dafür aber bittet man noch (das heißt, ich tue es nicht) seinen Freund, dass er Einen seiner hochverehrten Gattin zu

Füßen legt, – auch wenn man selbst in Frankfurt an der Oder haust und an seinen Freund in Frankfurt am Main schreibt. Entsprechend dem mündlichen Gruß »Gehorsamer oder ergebenster Diener« ist es auch Sitte, Briefe an Personen, die durch Lebensalter oder soziale Stellung besonders hervorragen, besonders zu schließen: »Ich habe die Ehre zu sein Euer Exzellenz, Euer Hochwohlgeboren, der gnädigsten Frau ganz gehorsamer oder ganz ergebenster Diener X. X.« Ein Brief, in dem man der kurzen Mitteilung, der gnädigen oder gütigen Einladung Folge leisten zu wollen, eine bedeutend längere Schlussfloskel folgen lässt, macht einen zu sonderbaren Eindruck. Trotzdem will der Phrasenenthusiast ernst genommen sein, und wird auch ernst genommen, der seinen Brief etwa also schließt: Mit der Bitte, mich der hochzuverehrenden Frau Gemahlin zu Gnaden (zu Gnaden ist ein Ausdruck allererster Klasse; doch um Himmels willen, das ist nur nota bene gesagt und gehört nicht in die Schlussfloskel hinein) zu empfehlen und mit der Versicherung ausgezeichnetster Hochachtung habe ich die Ehre zu sein Euer Exzellenz ganz gehorsamster X. X. Wem das noch zu schlicht erscheint, der kann auch Seine Exzellenz bitten, den Ausdruck seiner vollkommensten Verehrung entgegennehmen zu wollen, mit der er die Ehre hat zu sein usw. Wie so'ne und so'ne Menschen, gibt es auch noch so'ne und so'ne Exzellenzen. Eine Exzellenz der letzteren Art zeigte mir mal einen Brief und sagte dabei: »Sehen Sie, der, der mir diesen Brief geschrieben hat, ist ein verständiger Kerl.« Der Brief schloss schlicht und bieder: Gute Nacht, Exzellenz; grüßen Sie Ihre hochverehrte Frau von mir, Ihr sehr ergebener X. X. Der Ausdruck »alleruntertänigst« ist von der Etikette für Souveräne und deren Gemahlinnen reserviert, und zwar tatsächlich auf die Genannten beschränkt. Der Ausdruck »untertänigst« soll eigentlich nur als Zeichen der Ergebenheit gegenüber den Prinzen und Prinzessinnen souveräner Häuser Verwendung finden, wird aber auch gegenüber besonders ehrwürdigen oder sozial besonders hochstehenden Damen gebraucht. Auch habe ich schon gehört von Herren, die im Gebiete »Guter Ton« durchaus bewandert waren, dass sie sich auch bei älteren Herren »untertänigst« bedankten. Dass man aber im Allgemeinen nur den Damen Unterwürfigkeits-Versicherungen zu teil werden lässt, kann man ja daraus schließen, dass der unter seines Gleichen wohl gebräuchlichste Ausdruck »gnädig« wenigstens in der Anrede doch unter Gesellschaftsmenschen nur gegenüber Damen gebraucht wird.

Wie so'ne und so'ne Menschen, gibt es auch noch so'ne und so'ne Exzellenzen.

Die üblichste und einfachste Art der Schlussfloskeln in Briefen ist die, dass man am Ende schreibt: Ihr ergebener oder sehr, ganz ergebener, ergebenster oder gehorsamer usw. X. X.,

42

oder dass man als Solcher »verbleibt« auch mit dem Zusatz: Mit gehorsamem Gruß oder mit angelegentlichsten oder ergebensten, gehorsamsten Empfehlungen. Regeln für Dies und Jenes aufstellen zu wollen, würde zu weit führen; auch sind die Geschmäcker zu verschieden. Ich bin ein Feind des Überschwänglichen, Schwülstigen. Manchen Höflichkeits-Redensarten allerdings kann man sich nicht entziehen, wenn man nicht als Barbar gelten will; aber wenigstens sollte man, soweit es eben irgend angeht, nur Worte wählen, die seinen tatsächlichen Empfindungen entsprechen. Es geht zum Beispiel nicht an, dem Drange seines Herzens zu folgen, wenn man Jemanden auch noch so gern erwidern möchte, dass er Einem unausstehlich ist.

Wenn man einer Dame in der Gesellschaft die Ergebenheitsbezeigung des Handkusses erweist, so halte ich in einem Briefe an dieselbe den Schlusspassus für höflich und doch auch sinngemäß: »Ich küsse Ihnen, gnädige Frau, die Hand« usw. Wenn dies auch im Briefe nur bildlich gemeint ist, so ist es

Es geht zum Beispiel nicht an, dem Drange seines Herzens zu folgen, wenn man Jemanden auch noch so gern erwidern möchte, dass er Einem unausstehlich ist.

doch Etwas, was ich in Wirklichkeit bei der gesellschaftlichen Begrüßung tatsächlich ausführe, im Gegensatz zu jener oben als briefliche Schlussfloskel erwähnten Bitte an einen Herrn, er möchte Einen seiner hochverehrten Frau Gemahlin zu Füßen legen. Im brieflichen oder mündlichen Verkehr mit einem Grafen oder Baron ist es schicker, nicht von dessen Frau Gemahlin, sondern von der Frau Gräfin und Frau Baronin oder (etwas vertraulicher) von der Gräfin oder der Baronin zu sprechen, und gegenüber dem Fürsten und Prinzen spricht man statt von seiner Frau Gemahlin, entweder von Ihrer Durchlaucht oder (vertraulicher) von der Fürstin oder der Prinzessin. Eine Frau Gemahlin hat ja jeder andere verheiratete Sterbliche auch; und mit dem weiblichen Artikel »die«, »der« Gräfin, Baronin usw. meine ich eben diejenige, die dem Ehemann am nächsten steht, also seine Frau. Ebenso fragt man, wenn man möglichst stilvoll fragen will, nicht nach der Frau Mama der genannten Adligen, sondern nach dem Befinden der Baronin-, der Gräfin-Mutter usw. Mir gefällt diese Wortverbindung, weil man dabei ausschließlich das Wort »Mutter« gebraucht. Die Verbindung »Baronin-Mama« hätte etwas Lächerliches an sich für im guten Ton bewanderte Ohren, sie mögen noch so klein oder noch so groß sein.

Wie stellt man vor, und zwar zunächst: wie stellt man sich selbst vor? Was da — jedenfalls vielfach unter Herren — für vornehm gilt, nämlich statt deutlicher Angabe seines Namens unverständlich zu murmeln, diese vermeintliche Vornehmheit halte ich für eine widersinnige, tadelnswerte Unsitte. Doch ich muss schließen und möchte auch noch etwas Galle sammeln, bevor ich mich über dies Thema weiter auslasse.

Passagen stets frei!

Die Art des Eintretens in eine Gesellschaft lässt oft auf den Grad der Formensicherheit schließen. Ungewandt ist es, dicht an der Tür stehen zu bleiben und von dort aus sich über Wirte und Gäste zu orientieren. Es ist Bürgerpflicht, keine Passage zu versperren, selbstverständlich ist dies auch eine Pflicht des Adels, der ja das Ansehen genießt, im Allgemeinen die Formen in noch höherem Grade zu beherrschen. Wer nicht hören will, muss fühlen; wer trotz dieser Ermahnung auch in Zukunft beim Eintritt in eine Gesellschaft ängstlich und zaghaft dicht an der Innenseite der Tür stehen bleibt, dem wünsche ich praktische Belehrung durch seine Kollision mit der von nachfolgenden Gästen geöffneten Tür. Noch unangenehmer ist für Passanten zuweilen das Versperren der Passage auf der Straße

Es ist Bürgerpflicht, keine Passage zu versperren, selbstverständlich ist dies auch eine Pflicht des Adels.

z. B. durch eine Gesellschaft, deren einer Teil sich auf dem Trottoir vor seiner Haustür unter endlosen lauten Abschiedsworten trennt, aber eben viel zu langsam trennt. Die Grüße an den Onkel Anton und an die Tante Ida, die Wunschesäußerungen – »Lassen Sie sich's gut bekommen, kommen Sie gut nach Hause, hoffentlich sehen wir uns bald wieder!« – Alles dies ist zu unwichtig, um Verkehrsstörungen zu rechtfertigen.

Einladung zum Mittagessen, Diner oder Dinner

Die feierlichste der normalen gesellschaftlichen Veranstaltungen ist das Diner. Man sagt dem Deutschen nach, dass er sich von allem Fremdländischen über Gebühr imponieren lässt. Daraus erklärt sich wohl, dass man früher fast ausschließlich das feierliche Mittagessen, zu dem feierlich eingeladene Gäste in besonderem Festgewande erscheinen, mit einem Fremdworte bezeichnete. Auf das französische »Diner« ist man wohl gekommen, weil die französische Kochkunst in ganz besonderem Ansehen steht. Übrigens, man drückt sich jetzt in der feierlichen gedruckten Einladungskarte lieber einfach deutsch aus, man ladet auch hohe Honoratioren selbst zu den schwierigsten, magenschädlichsten Speisen und Getränken lieber zum »Mittagessen« als zum »Diner« ein. Das französische Wort hat nach Ansicht Vieler einen etwas protzenhaften Beigeschmack, namentlich in gedrucktem oder geschriebenem Zustande. Für die mündliche Unterhaltung aber scheint mir der englische Ausdruck »Dinner« moderner geworden zu sein, als das französische »Diner«. Die Sprache hat bekanntlich auch ihre Moden. Das biedere deutsche Zeitwort »speisen« ist vielfach auch in Acht und Bann getan. Der

Herr Kammerherr v. Z. wird auf die Frage, wann er speist, mit scharfer Betonung antworten: »Ich esse um fünf Uhr« und in Worten oder Gedanken hinzufügen: »Ich, Kammerherr v. Z., speise überhaupt nie, nur gewisse industrielle Reichmeier gebrauchen diesen protzigen Ausdruck.«

Die Einladung zum Diner

Betreffs der Zeit der Einladung wird man dieselbe etwa frühestens vierzehn Tage vorher ergehen lassen. Ein frühzeitiges Einladen ist namentlich in der Diner-Saison praktisch, falls den Gastgebern daran liegt, dass die Gäste noch frei sind und die Einladung annehmen. In unserer Welt des Luges und Truges ladet man ja auch Gäste ein, die den Gastgebern dadurch das größte Vergnügen bereiten, dass sie »bedauern, der gütigen Einladung nicht Folge leisten zu können«. Das ist der usuelle Tenor einer Absage; im Falle der Annahme einer Einladung »gibt man sich die Ehre, der gütigen usw.« – Sehr praktisch ist es, wenn die Dinergeber durch einen Dienstboten die schriftlichen Einladungen zustellen und zugleich eine Liste der Gäste überreichen lassen mit der Bitte, dass die einzelnen Herrschaften betreffs ihres Kommens unter den Rubriken dieser Liste: »Ja, Nein, Unbestimmt« eine kurze Notiz machen. Dies Verfahren ist für Gäste und Gastgeber sehr empfehlenswert. Die Gäste, die natürlich außerdem ihre kurze Notiz auf der Liste noch durch ein feierliches Antwortschreiben bestätigen werden, können sich durch jene Liste über ihre Festgenossen orientieren und sich erst hiernach für Kommen oder Nichtkommen entscheiden. Die Gastgeber aber sind in der Lage, bei sofortiger Absage durch eine kurze Notiz auf jener Liste umgehend neue Einladungen ergehen zu lassen. Die Höflichkeit erfordert es besonders aus diesem letzteren Grunde, auf eine Einladung möglichst bald zu antworten.

Nachdem man einmal abgesagt, darf man im Allgemeinen nicht mehr zusagen; denn es können ja infolge der Absage bereits Andere eingeladen sein. Wenn man zugesagt hat, darf man nur bei wirklich triftigen Gründen nachträglich noch absagen. Es ist kleinlich und engherzig, sich als »Lückenbüßer« zu fühlen und

Durch große Empfindlichkeit macht man sich selbst und Anderen ganz unnötig das Leben schwer.

es übel zu nehmen, wenn man erst kurz vor einem Diner eingeladen wird, auch wenn man vermuten kann, diese Einladung nur der Absage eines Anderen zu verdanken. Durch große Empfindlichkeit macht man sich selbst und Anderen ganz unnötig das Leben schwer. Wer nicht kommen will, sagt einfach in höflicher Form ab; aber es ist widersinnig, eine Einladung, die doch im Allgemeinen eine beabsichtigte Wohltat ist, auch wenn sie spät erfolgt, übelzunehmen. Eine späte Einladung berechtigt sogar zur Annahme eines besonderen Vertrauens seitens der Gastgeber zur vorurteilsfreien, jedem Argwohn und jeder Pedanterie abgeneigten Denkungsweise des Eingeladenen. Mit der Antwort auf eine Einladung lange zu warten, da man ja noch zu demselben Tage in ein anderes Haus geladen werden könne, wo man lieber hingeht, ist natürlich höchst minderwertig, und es sind einem solchen Sünder nur ausnahmsweise mildernde Umstände zuzubilligen, z. B. wenn er in jenem anderen Hause eine Schwiegermutter zu ergattern hofft. Auch in diesem Falle kann ihn das Schicksal – eben in Gestalt einer Schwiegermutter – noch hart strafen.

Militärische Pünktlichkeit

Das Mittagessen ist die einzige gesellschaftliche Veranstaltung, zu der die Etikette absolute militärische Pünktlichkeit unbedingt erfordert. Man hat im Hause der Gastgeber so zeitig einzutreffen, dass man Überzieher usw. ablegen, seine Toilette – wenn nötig – vor einem Spiegel nachrevidieren kann und sodann pünktlich zur Sekunde im Empfangsraum eintritt.

Je vornehmer die Diner-Gesellschaft ist, um so geräuschloser tritt man ein, mit um so größerer Ruhe und um so weniger Wortschwall und Phrasengeklingel begrüßt man sich. Hastige, ruckweise Verbeugungen, mit lauter schnarrender Stimme nach allen Seiten hervorgesprudelte Bekundungen von »Ehre und Vergnügen, die man lange nicht gehabt«, dies Gebaren ist Talmi-Vornehmheit. Wer in solchen Redensarten schwelgt, imponiert meist nur allein sich selbst damit, aber das dafür auch in hohem Grade. Solche Salonfexe wirken auf andere Menschen besten Falles erheiternd, schlimmsten Falles belästigend. Manchmal muss man ja irgendetwas usuelles »Liebenswürdiges« sagen; aber dann tue man es in bescheidenem Tone und mit etwas gedämpfter Stimme, aber nicht mit einer Wichtigkeit und einem Pathos, als wenn man irgend eine Weisheit offenbaren oder einen Schiller'schen Monolog vortragen wollte.

Ein unverbesserlicher Junggeselle sagte mir, er lehne jede Diner-Einladung ab, er betrachte sie als ein Attentat auf seine persönliche Freiheit. Allerdings sitzt man ja während des Diners, also ein bis zwei Stunden lang – es gilt für vornehmer, ein Diner nicht allzu lange auszudehnen –, eingekeilt zwischen zwei Personen, als Herr meist zwischen zwei Damen, mit denen man sich unterhalten muss, auf Tod und Leben, wenn man auch manchmal etwas Wissenswertes weder von sich geben noch von seinen verehrten Nachbarn empfangen kann. Aber sprechen muss man, sonst ist man ein »langweiliger Stockfisch« und läuft auch Gefahr, zu viel zu essen. Da man als wohlgesitteter Mensch bekanntlich nicht gleichzeitig isst und spricht, so ist es für den Magen zuträglich, viel zu sprechen. Mancher wird gut tun, sich vorher in der kurzen Zeit, bevor man zu Tisch geht, über seine Nachbarn, namentlich als Herr über seine Tischdame, etwas zu orientieren, um daraus zu schließen, worüber man wohl die Unterhaltung führen oder wenigstens einleiten kann.

»Pünktlichkeit ist eine Zier, doch später kommt man ohne ihr« — diese aus den »Fliegenden Blättern« stammende Sentenz gilt als erste Etiketten-Regel bei Diners. Wenn um sieben Uhr geladen ist, so soll zehn Minuten, höchstens eine Viertelstunde nach sieben Uhr der Suppenlöffel oder das Austernmesser oder das zum betreffenden Vorgericht passende Besteck gehandhabt werden. Die Gastgeber sind keineswegs durch die herrschende Etikette verpflichtet, länger auf noch abwesende Gäste zu warten. Die pünktlichen und vielleicht auch hungrigen Gäste können es als Belohnung ihrer Pünktlichkeit beanspruchen, dass man zu Tisch geht. Außer plötzlichen Arm- oder Beinbrüchen und anderen Annehmlichkeiten, die

»Pünktlichkeit ist eine Zier, doch später kommt man ohne ihr.«

ein Nichtkommen entschuldigen, gibt es ja auch viele triftige Gründe, die ein Zuspätkommen eines Gastes rechtfertigen. Aber wenn ein solcher Gast taktvoll und rücksichtsvoll ist, so werden die Gastgeber auch geradezu in seinem Sinne handeln, wenn sie mit dem Beginn der Tafel nicht auf ihn warten. Kommt der Unglücksrabe endlich an, so ist es ein großer Irrtum, wenn die Gastgeber glauben, sich entschuldigen zu müssen, dass sie bereits mit dem Diner begonnen haben. Nur ängstliche, wenig selbstbewusste Menschen haben den Drang, immer um Entschuldigung zu bitten, auch dann, wenn sie gar nicht im Unrecht sind.

Der späte Ankömmling ist der Einzige, der sich zu entschuldigen und wegen seiner Unpünktlichkeit um Verzeihung zu bitten hat. In den ersten Gesellschaftskreisen aber wird die Verspätung

> Nur ängstliche, wenig selbstbewusste Menschen haben den Drang, immer um Entschuldigung zu bitten, auch dann, wenn sie gar nicht im Unrecht sind.

eines Gastes zum Diner eine große Seltenheit sein, weil eine solche eben, wenn nicht wirklich triftig begründet, rücksichtslos gegen Wirte und Gäste ist und als ein arges Vergehen gegen die Etikette betrachtet wird.

Tischgebete

Das Tischgebet, werden Viele sagen, ist keine Etikettenfrage, sondern Herzenssache eines frommen gläubigen Menschen. Dieser Einwand lässt sich wohl hören, wenn es sich um das Tischgebet am Familientische handelt. Im Allgemeinen aber soll man keine Scheidewand ziehen zwischen Etikette und zwischen wahrem, innerem Taktgefühl, dem Takt des Herzens. Die Etikettenregeln sind entschieden die besten, die sich vor dem Herzen und dem Verstande des Menschen, dem sogenannten gesunden Menschenverstand, rechtfertigen und begründen lassen. Jedenfalls kann man es wohl als eine Etikettenfrage betrachten, ob bei feierlichen Diners ein frommer Gastgeber dem Drange seines Herzens folgen soll, das Tischgebet laut vor seinen Gästen zu verrichten. Um hier in jedem einzelnen Falle mit einem kurzen Ja oder Nein gerecht zu urteilen, müsste man die wahren inneren Beweggründe kennen, aus denen Jemand als Gastgeber laut und

> *Die Etikettenregeln sind entschieden die besten, die sich vor dem Herzen und dem Verstande des Menschen, dem sogenannten gesunden Menschenverstand, rechtfertigen und begründen lassen.*

offen vor seinen Gästen das Tischgebet verrichtet oder dies unterlässt. Ein Schwächling wäre der, der sonst immer das Tischgebet laut verrichtet, aber sich vor Gästen geniert, seine Frömmigkeit laut zu bekennen. Noch unangenehmer aber wirkt auf gerade Menschen ein scheinbares Prahlen mit Frömmigkeit, ein aufdringliches Zurschautragen derselben. Wer das Bedürfnis hat, vor Tisch zu beten, kann in Gegenwart von Gästen sein Tischgebet ja auch leise verrichten. Weshalb soll der Gastgeber auf die Gläubiggesinnten unter seinen Gästen den Druck ausüben, ihre frommen Gedanken bei Beginn der Tafel in den engen Rahmen eines bestimmten lauten Gebetes zu zwingen! Mehrere der üblichen Tischgebete enthalten die Worte »tägliches Brot«; darunter nun alle Leckereien zu verstehen, die man bei einem feierlichen Diner mehr oder minder vorgesetzt bekommt, das wird der Phantasie selbst eines sehr frommen Menschen manchmal widerstreben. Eine bekannte harmlose Anekdote, deren Wiedergabe wohl nur Frömmler tadeln dürften, ist es, dass Jemand bei einem besonders guten Diner, das er sich oft wieder wünschte, meinte, heute müsse man eigentlich beten: »Unser heutiges Brot gib uns täglich!« Wie gesagt, es ist schwer, bei diesem heiklen Thema ein bestimmtes Urteil zu fällen; durch mein Für und Wider möchte ich nur meine Ansicht begründen: Es kann Jemand ein religiös gewissenhafter Mensch sein und auch in diesem Falle ein Gegner lauter Tischgebete bei feierlichen

Diners sein. Wer ein solches Diner als ein Attentat auf die Gesundheit des menschlichen Magens betrachtet und deshalb einen besonderen Anlass zum Gebet zu haben glaubt, auch der kann ja in stiller Weise diesem seinem Drange folgen.

Das Unterschieben des Stuhles

Wenn man sich in einem vornehmen Hause zur Tafel niedersetzt, ist es Sitte, den Damen beim Untersetzen des Stuhles behilflich zu sein. Wenn die Gastgeber über Diener verfügen, so sind in einem besonders vornehmen Hause die Diener instruiert, den ersten unter den zu Gast geladenen Damen diesen Dienst zu erweisen. Bei einer großen Dienerschar werden manchmal auch ältere oder besonders zu ehrende Herren unter den Gästen mit dieser Hilfeleistung bedacht. Dies Unterschieben des Stuhles hat natürlich geräuschlos und langsam vor sich zu gehen. In den ersten Gesellschaftskreisen gilt es als eine ritterliche Aufmerksamkeit, wenn der Herr seiner Tischdame diesen Dienst erweist und ihr beim Niedersetzen durch Unterschieben des Stuhles behilflich ist, falls kein Diener hierzu angewiesen ist. Wer ungewandt ist, unterlasse lieber einen derartigen Ritterdienst, sintemalen dieser dann auf den Charakter einer Hilfeleistung nicht mehr Anspruch hat, wenn die Dame zu einer unfreiwilligen Kniebeuge verleitet

wird oder gar eine Etage tiefer, auf den Fußboden, zu sitzen
kommt.

Manieren auch zu Hause

Über Benehmen bei Tisch überhaupt, speziell wie man als
Formenmensch isst, sprach ich in meinen ersten Plaudereien.
Man soll in seinem Benehmen keinen Unterschied machen,
ob man nun allein in einem stillen Kämmerlein sein Mittag-
brot verzehrt, oder ob man als Teilnehmer an einem feierlichen Diner, als Wirt oder Gast schmaust: nur dann werden
Einem gute Manieren zur zweiten Natur wer-
den und den Eindruck des Selbstverständlichen
machen. »Heute derf m'r nicht mit'm Messer
in den Mund fahren oder mit der Gabel in den
Zähnen stochern, denn heute sind Gäste da« –

> *Man soll in seinem Benehmen keinen Unterschied machen, ob man nun allein in einem stillen Kämmerlein sein Mittagbrot verzehrt, oder ob man als Teilnehmer an einem feierlichen Diner, als Wirt oder Gast schmaust.*

eine also begründete Anstandslehre verrät herzlich wenig
Verständnis für den Zweck und den ästhetischen Wert natürlicher guter Formen. Auch Kindern sollte man nicht sagen:

»Esst heute manierlich, denn heute sind Gäste da!« Kinder sollen sich immer bemühen, appetitlich und sauber zu essen, ihrer selbst wegen und ihrer nächsten Angehörigen, ihrer täglichen Umgebung wegen. Dadurch beugt man für spätere Jahre am besten der unliebsamen Kritik vor: »Der oder Die hat keine Kinderstube gehabt.« Es gibt Eltern, die gerade in Gegenwart von Fremden an ihren Kindern herumtadeln; manche glauben sich selbst und ihre Kinder in ein günstiges Licht zu setzen durch Redensarten wie: »Sonst seid Ihr immer so artig, und gerade heute, wo Besuch da ist, seid Ihr ungezogen.« – Ja, das ist dann eben für den Besuch ein sonderbares Pech, so sonderbar, dass der Besuch geneigt ist, an der Wahrheit solcher elterlichen Worte zu zweifeln.

Zugreifen und Nötigen bei den Speisen

Wie beim Niedersetzen zur Tafel, so wird während des ganzen Diners der Gentleman sich bemühen, seinen Nachbarinnen, besonders seiner ihm gewöhnlich zur Rechten sitzenden Tischdame, die üblichen Aufmerksamkeiten zu erweisen; im löblichen Eifer, möglichst zuvorkommend zu sein, muss man sich natürlich davor hüten, lästig zu fallen. Damen zum Trinken zu animieren, namentlich Damen, mit denen man nicht näher bekannt ist, gilt im Allgemeinen in den ersten

Gesellschaftskreisen für unfein. Überhaupt ist es entschieden vornehmer, jedes Nötigen zu Speise und Trank tunlichst zu unterlassen, auch seitens der Gastgeber. Sich als Gast zu genieren, ist veraltet. Man betrachtet es heutzutage als ganz selbstverständlich, dass die Wirte ihren Gästen die dargebotenen materiellen Genüsse gönnen und sich freuen, wenn den Gästen Alles mundet. Das sogenannte Nötigen aber ist auch vom gesundheitlichen Standpunkt aus zu verurteilen, es kann zur Folge haben, dass Gäste aus lauter Verlegenheit oder aus falscher, törichter Höflichkeit mehr essen und trinken, als es ihrem eigentlichen Willen und ihrem Behagen entspricht. Redensarten der Gastgeber wie »Es schmeckt Ihnen wohl nicht« oder »Sie können doch noch nicht satt sein«, diese etwas trivialen Redensarten sollen liebenswürdige Besorgnis ausdrücken, sind aber vielen Menschenkindern höchst lästig. Wenn man sich Gäste einlädt, ist es selbstverständlich, dass man seinen Gästen auch gestattet, von Speise und Trank, solange es ihnen beliebt, zuzulangen; es ist kleinlich und spießerlich, als Gastgeber dies durch Redensarten immer noch zu betonen und so viel Wesens damit zu machen, ob und wieviel die Gäste essen und trinken. Ich kannte einen Gastgeber, der der Sitte des Nötigens entgegenarbeitete, indem er sich nicht genierte, einem Gaste zu sagen: »Der Wein oder dies Gericht ist etwas schwer, es könnte Ihnen schaden, wenn Sie zu viel davon genießen.« Solche Worte sind noch lange kein Beweis einer mangelnden Freigebigkeit des Gastgebers, sie können im Ernst und gut, im Interesse der Gesundheit des Gastes, gemeint sein. Gäste, die so altmodisch sind, auf ein Nötigen zu warten, und nicht gerade dem Hungertode nahe, sondern scheinbar in gutem Futterzustande sind, kann man als Wirt am erfolgreichsten von ihrer Zimperlichkeit kurieren, wenn man sie darben lässt. Das ist für den Gast gesund und für den Gastgeber billig! In Wirklichkeit wird man diese grausame Heilmethode allerdings nur selten anwenden!

Beim Herumreichen und Weitergeben von Speisen durch die Gäste selbst, hat man als Herr darauf zu achten, dass man seiner Dame das Zulangen bequem macht, ihr die betreffende Schüssel dicht an ihren Teller heranhält, aber erst dann präsentiert, wenn die Dame bereit ist, zu nehmen und z. B. nicht schon eine zweite Kompottschüssel hastig darreicht, während sie noch von der ersten Schüssel zulangt. Nur seiner rechten Nachbarin wird man während des Zulangens eine

Gäste, die so altmodisch sind, auf ein Nötigen zu warten, und nicht gerade dem Hungertode nahe, sondern scheinbar in gutem Futterzustande sind, kann man als Wirt am erfolgreichsten von ihrer Zimperlichkeit kurieren, wenn man sie darben lässt. Das ist für den Gast gesund und für den Gastgeber billig!

Schüssel halten können, da die links sitzende Dame ja von einer ihr von rechts her präsentierten Schüssel nur schlecht nehmen könnte; eine besonders gewandte Dame, die den Herrn auf ein solch' kleines Versehen nicht aufmerksam machen will, wird in einem solchen Fall einfach dennoch zulangen, so geschickt oder ungeschickt sie dies eben bewerkstelligen kann. Will sie sich dieser Unbequemlichkeit nicht unterziehen – und keine Dame, wenigstens auf Gesellschaften, muss wollen –, dann nimmt sie eben dem Herrn die Schüssel oder Schale usw. ab und bringt selbst die Schüssel in eine fürs Zulangen bequeme Lage zu ihrem Teller.

Qualität der Speisen und Getränke

Was es Alles bei einem Diner geben kann oder geben soll, das hängt natürlich von den verschiedenen Gesellschaftskreisen ab, in denen man Diners gibt, und innerhalb dieser Kreise vor Allem von dem mehr oder minder großen Mammon der Gastgeber. Wer mit den Gütern dieser Welt besonders reich gesegnet ist, kann ein besonderes Taktgefühl dadurch zeigen, dass er den Schein des Protzenhaften zu vermeiden versteht. Je geheimer ein Kommerzienrat ist, um so verschwiegener sei er in Äußerungen betreffs des Wertes seiner Weine; er lasse seine Weine ausschließlich durch deren Güte für sich selbst reden. Vielfach hat man die Bezeichnung Soloweine für jene kostbaren Sorten, die glasweise besonders vom Diener präsentiert werden. Oft ist der Diener angewiesen, während er präsentiert den Namen des Soloweines zu nennen. Mir erscheint diese Sitte etwas protzenhaft, auch finde ich es überflüssig, wenn Menükarten vorhanden sind, auf denen man die Weine neben den einzelnen Gerichten angeben kann. Nicht die Menge der materiellen Diner-Genüsse, der Speisen und Getränke, auch nicht deren Kaufpreis beziehungsweise Herstellungspreis ist das wesentliche Merkmal für die Güte und Vornehmheit eines Diners, sondern das Wesentliche hierfür ist folgender Umstand: Was man seinen Gästen zum Diner vorsetzt – ob dies nun vielerlei oder wenig ist, ob es einfache Speisen und Weine oder ob es außergewöhnliche Genüsse sind – die Hauptsache ist, dass Alles, was man vorsetzt, auch gut ist; und gerade von außergewöhnlichen Sachen erwartet man, dass sie außergewöhnlich gut sind; es ist dies keine Anmaßung, sondern liegt in der Natur der Sache: »Wenn schon, denn schon!« Oder negativ und drastisch ausgedrückt: »Lieber keine Austern und keinen Kaviar, als schlechte Austern und schlechten Kaviar!« Dahingegen an der Wertschätzung jener Gäste, für die es eine Kabinettsfrage ist, ob's Austern gab oder nicht, braucht den Gastgebern wahrhaftig nichts gelegen zu sein. Das Diner soll doch auch für die Gastgeber ein Vergnügen sein: wer die Mittel zu dieser Ausgabe nicht ohne großes Kopfzerbrechen hergeben kann, der habe doch den Mut, entweder überhaupt kein Diner, oder aber in der einfachsten Form ein solches zu veranstalten. Durch den Mangel an natürlicher Offenheit macht man sich das Leben auch in gesellschaftlicher Hinsicht unnötig schwer. Weshalb könnte sich nicht folgender hochbedeutsamer Prozess in folgender befriedigender Weise lösen: Das Ehepaar A. ladet Herrn und Frau B. zum Diner ein. Das Ehepaar B. sagt dankend ab, da es nicht in der Lage ist, »die Diner-Einladung erwidern zu können«. Damit kann die Korrespondenz in dieser Frage beendet sein, man grollt sich nicht, ladet sich zu abendlichen Bratkartoffeln ein oder – noch einfacher – geht zusammen in den Grunewald und unterhält sich hierbei besser und billiger als bei Diners. Wenn aber das Ehepaar A. Herrn und Frau B., auch unter Verzicht auf die gleichwertige Gegenleistung eines Quittungsdiners, gern als Gäste bei ihrem Diner bei sich haben

»Lieber keine Austern und keinen Kaviar, als schlechte Austern und schlechten Kaviar!«

möchte, sollte doch Frau A. einfach der Gevatterin B. noch einmal schreiben und es einfach »als ein Zeichen besonderer Freundschaft oder besonderen Wohlwollens erbitten«, dass Herr und Frau B. trotzdem zum Diner erscheinen. Würde nun das Ehepaar B. tatsächlich gern am Diner teilnehmen, und sagt es trotzdem aus dem ebenso verbreiteten wie törichten

Grunde ab, »weil das doch nicht geht«, so ist das Ehepaar B. eben kleinlich, pedantisch und albern. Hoffentlich aber liest Frau B. diese Zeilen und schreibt umgehend – eventuell erst nach Belehrung durch den noch einsichtsvolleren Gatten – an Frau A.: »p. p. Wir kommen sehr gern usw.«

Zu bedauern sind auch jene Ehepaare – und es gibt deren –, die sich als Gäste den Genuss eines opulenten Diners durch den Gedanken beeinträchtigen lassen: »Bei uns hat es nicht soviel gegeben oder wird es nicht soviel geben.« Dabei bewirtet im Verhältnis zu seinen Mitteln gewöhnlich der Ärmere den Reicheren besser! Verständige Gesellschaftsmenschen, die über gefunden Freimut verfügen, lassen sich durch solche kleinliche Gedanken nicht im Geringsten stören. Es wird zudem oft behauptet, gerade in Kreisen, in denen Küche und Keller in der Regel raffinierte Genüsse bieten, sei dem verwöhnten Magen hin und wieder ein einfaches Diner besonders willkommen. »Ja, aber nicht zu oft hin und wieder«, wird die Zunft der Schlecker mir vielleicht einwenden. Wer ein einfaches Diner gibt, der verschafft doch möglichen Falles auch diesem oder jenem Gast die freudige Hoffnung, ihn, den Gastgeber, leicht überbieten zu können! Jedenfalls aber begeht er insofern eine sittlich gute Tat, indem er durch sein mutiges Beispiel Anderen in der Vereinfachung gesellschaftlichen Aufwandes vorangeht.

Lärmen und Aufessen

Es kommt vor, aber sollte nie und nimmer vorkommen, dass in einem öffentlichen Lokal ein Gast mit dem ihm gerade eine Schüssel präsentierenden Kellner Zwiesprache hält, und dass hierbei Gast und Kellner über die Schüssel geneigt sprechen. Es ist doch vielen schon unangenehm, wenn ein Gericht, von dem sie später auch zulangen wollen, vom bloßen Atem eines andern berührt wird. Noch gerechtfertigter ist ein solches Gefühl des Unbehagens, sobald ein solcher Anderer beim Sprechen jene schreckliche Gewohnheit hat, die man in Schlesien bei Säuglingen mit dem klangvollen Namen »Sabbern« bezeichnet. Wie als Gast eines Privathauses und auch – schon der Übung wegen – allein im trauten Heim, so soll man auch in öffentlichen Lokalen als Gast jedes laute Schmatzen beim Essen, lautes Hantieren mit Teller und Besteck, jedes Klirren des Porzellans, schrilles Kratzen des Bestecks auf dem Porzellan beim Schneiden sorgfältigst vermeiden. Außer durch scharf geschliffene Messer lässt sich dem leicht vorbeugen durch vorsichtiges langsames Schneiden und ganz besonders dadurch, dass man die Messerschneide in schräger Richtung beim Schneiden hält und nicht senkrecht zum Teller mit heftigem Druck das Fleisch durchschneidet. Wenn man selbst von einem Gericht zulangt, so soll man sich, wie schon früher erwähnt, bekanntlich nicht mehr nehmen, als man sicher ist auch vertilgen zu können; denn es gilt im allgemeinen für etikettewidrig, Speisereste auf dem Teller liegen zu lassen. Die Etikettenpflicht des Aufessens fällt dann entschieden fort, wenn man z. B. in einem öffentlichen Lokal das Gericht gleich auf dem Essteller vorgesetzt bekommt. Durchaus logisch ist die viel verbreitete Ansicht, dass man auch als Gast in einer Familie einen großen Teller Suppe nicht zu leeren braucht, da man sich ja das große Quantum Suppe nicht selbst genommen hat.

Bei dieser Gelegenheit möchte ich folgendes erwähnen: Auch jene Gastgeber, die, wie der Schlesier sagt, »es gerne geben«, tun gut, ihre Freigebigkeit bei der Suppe zu zügeln. Es ist eine ungesunde, unnatürliche Gastlichkeit, seine Gäste verleiten zu wollen, von irgend einem Gericht mehr, als ihnen dies behaglich ist, zu essen. Namentlich vom usuellen ersten Gericht des Mittagsmahles, von der Suppe, sind viele gewohnt, nur wenig zu essen. Andere lassen dies Gericht der

Im allzu vollen Suppenteller zeige sich die Sparsamkeit der Hausfrau, die es erstrebe, dass man nach einem großen Quantum Suppe dann von den übrigen teureren Gerichten nicht mehr viel zu sich nehmen könne.

vorhandenen oder ersehnten schlanken Taille wegen oder aus anderen Gründen auch ganz fortfallen. Es ist deshalb schicklicher und sachgemäßer, seinen Gästen den Suppenteller nur mäßig füllen zu lassen und lieber, namentlich in einem kleinen vertrauten Kreise, nachher zu fragen, wer von den Gästen noch einen zweiten Teller Suppe zu haben wünscht. Ein sehr scharfzüngiger Gesellschaftsmensch äußerte mir gegenüber, im allzu vollen Suppenteller zeige sich die Sparsamkeit der Hausfrau, die es erstrebe, dass man nach einem großen Quantum Suppe dann von den übrigen teureren Gerichten nicht mehr viel zu sich nehmen könne. Es dürfte wohl eine Ausnahme sein, wenn ein solcher Verdacht einmal nicht ausschließlich boshaft, sondern auch nebenbei zutreffend sein sollte.

Tafelschmuck

Zur Vornehmheit der Ausstattung einer Gesellschaftstafel ist deren genügende Breite sehr wesentlich; schmale, mit Blumen, Armleuchtern und Tafelaufsätzen geschmückte Tische machen leicht einen überladenen Eindruck. Die Hitze, welche die Armleuchter ausstrahlen, ist bei schmalen Tischen oft lästig für die Tischgäste; auch kann man zuweilen nur mit Mühe sein Gegenüber sehen, wenn auf einer schmalen Tafel

viele Zierraten, wie Tafelaufsätze, Blumenbehälter, Konfitü-
ren- und Obst-Schalen usw., dicht zusammengedrängt stehen.
Sehr schick ist es, Blumen und Blätter lose über den ganzen
Tisch zu verteilen. Natürlich muss bei solchen Finessen der
nötige Platz auf der Tafel vorhanden sein; man darf nicht
genötigt sein, erst Blätter und Blüten beiseiteschieben zu
müssen, um als Gast seine Hände oder Unterarme auf den
Tisch auflegen zu können oder um ein präsentiertes Glas
Wein vor seinen Teller postieren zu können. Zur losen Vertei-
lung über die Tafel habe ich besonders Veilchen, Kornblumen
oder Maiglöckchen – auch Efeu- oder andere Blätter – verwendet gefunden. Sehr vornehm macht sich eine gewisse
Einheitlichkeit der Farben im allgemeinen, wenn die Farben
der Stoff- und Papierumhüllungen um Lampen, Kronleuchter
und andre Gegenstände mit der vorherrschenden Farbe der
Blumen harmonieren. Die einzelnen Menükarten kann man
mit je einer Blume oder einem Blatt verzieren, indem man
den Stängel durch Einschnitte in der Karte hindurchsteckt.
Gastgeber, die ein Übriges leisten können und wollen, be-
schenken jede der geladenen Damen mit einem kleinen Blu-
menstrauß, der neben das betreffende Couvert gelegt wird; die
Herren werden dann oft auch mit einer einzelnen Blume fürs
Knopfloch bedacht, die man ebenfalls neben seinem Convert
vorfindet, ohne absolut verpflichtet zu sein, nun auch diesen
Schmuck anzulegen. Eine solche Verpflichtung – und zwar

dann aus ritterlicher Höflichkeit – tritt natürlich ein, wenn man z. B. von seiner Tischdame aus deren lose gebundenem kleinen Bukett eine Blume verehrt bekommt. Sonst hat man es nicht nötig, sich die Knopflöcher durch hindurchgesteckte Blumen zu verderben, wenn man eben mehr prosaisch-sparsam als poetisch veranlagt ist.

Unsitte alles Übervollen

Auf einen sehr verbreiteten Missstand möchte ich jene hochwohllöblichen Haushaltungen aufmerksam machen, die bis aufs kleinste Tüpfelchen in Äußerlichkeiten einwandfrei dastehen wollen, nämlich auf die schauderhaft kleinen Salzgefäße, in die das Salz, gestrichen voll, eingefüllt ist; es ist doch langweilig, bei einer so unwichtigen Handlung, wie beim Nehmen von Salz, große Sorgfalt anwenden zu müssen, um das Herausquillen des Salzes über den Rand des Salznäpfchens zu verhüten. Nichts soll in einer vornehmen Gesellschaft gestrichen voll sein, weder die Herren der Schöpfung vom vielen Trinken alkoholhaltigen Nasses, noch allzu reichlich gefüllte Schüsseln, Schalen, Teller und Trinkgläser, noch auch die meist viel zu kleinen Salznäpfchen. Zu jedem Salzgefäß gehört ein besonderer kleiner Löffel; denn die jungfräuliche Weiße des Salzes leidet darunter, wenn man in das Salznäpfchen mit der Spitze eines Messers hineinfährt, das schon mit Speisen in Berührung gekommen ist.

Der Fehler der Überfüllung wird besonders häufig begangen beim Eingießen in Likörgläser, auch in Sekt- und Biergläser, und beim Rauchen, wenn für das Abstreichen der Asche nur winzige, etwa die Höhlung eines Fingerhutes besitzende oder fast gänzlich flache Aschbecher zur Verfügung stehen.

Dass die in der vornehmen Welt gebräuchlichen Schnaps- oder Likörgläser die Zwerge unter den Gläsern sind, diese Sitte entspringt der Einsicht, dass der *Es ist ein Irrtum, dass es* für sie bestimmte Inhalt, der *vornehmer sein soll, statt* Schnaps oder Likör, durch seinen *Schnaps Likör zu sagen.* konzentrierten Alkoholgehalt besonders gesundheitsschädlich ist und deshalb, wenn nicht gänzlich gemieden, so doch wenigstens in möglichst kleinen Quantitäten genossen werden soll. Aus eben diesem Grunde sollte man nun gerade in die Likörgläser möglichst vornehm eingießen, dass heißt derart, dass noch ein verhältnismäßig großer Raum bis zum oberen Rande des Gläschens frei bleibt. Aber nein! Gerade die Likörgläser werden unschönerweise oft bis zum Rande oder sogar darüber hinaus vollgegossen, so dass der meist klebrige Inhalt außen am Glase herabläuft und Unheil stiftet, entweder schon beim Eingießen oder wenn der Trinker; zumal der mit Tatterich behaftete, sein Gläschen ansetzt. Beim Worte »Schnaps«

möchte ich noch erwähnen, dass man es vielfach für unfein hält, aber mit Unrecht; es ist ein gutes deutsches Wort; auch wer den Schnaps selbst als den Erzeuger von Trunkenboldigkeit hasst, darf doch das bloße Wort nicht verdammen. Es ist ein Irrtum, dass es vornehmer sein soll, statt Schnaps Likör zu sagen. Liköre nennt man eine Abart von Schnaps, nämlich die süßen Schnäpse. Ein Modewort für die Vielen, die gern mit französischen Brocken um sich werfen, ist der Ausdruck »chasse-café«, statt Schnaps, wörtlich übersetzt, etwas, das den Kaffee jagt. Es ist doch bekanntlich Sitte, den Schnaps oder Likör seinen Gästen nach dem Kaffee zu präsentieren.

Verhalten an der Tafel bei Ungeschicklichkeiten

Beim Eingießen des Champagners oder Schaumweines und schäumenden Bieres muss man natürlich besonders vorsichtig sein, langsam eingießen und eventuell das einzelne Glas beim Eingießen schräg halten. Ein Überlaufen der Flüssigkeit über den Rand des Gefäßes ist immer unschön. Bekanntlich kann man das Überlaufen von Sekt dadurch leicht verhüten, wenn man auf den Rand eines zu hastig gefüllten Sektglases die Klinge eines Messers, mit dem Rücken nach unten und der scharfen Schneide nach oben gerichtet, leise aufsetzt. Ein gewandter Gast sucht eine ungeschickte Bedienung auf diese

Weise möglichst unauffällig zu korrigieren. Wie schon öfters betont, hat man als Formenmensch die Spuren einer einmal geschehenen Ungeschicklichkeit, sei es einer höchst eigenen oder der eines anderen Gastes oder eines dienstbaren Geistes, wenn möglich, ruhig und gelassen zu verwischen und zu verdecken oder als etwas Nebensächliches zu betrachten und scheinbar überhaupt nicht zu beachten. Einen Fettfleck auf dem Tischtuch innerhalb des Bereiches des eigenen Platzes, auch wenn der liebe Nachbar oder die Bedienung ihn verursacht hat, deckt man möglichst unmerklich mit einem Stück Brot oder der Menükarte oder sonst wie zu. Jeden Übereifer, sowohl wirklichen wie markierten, soll man hierbei möglichst vermeiden. Ein abschreckendes Beispiel hierfür liefert jener zerstreute Professor, der aufs Tischtuch verschüttetes Salz – mit triumphierender Miene ob seines vermeintlich praktischen Sinnes – ganz munter mit Rotwein begießt zum Entsetzen der sparsamen Hausfrau, die – laut Schillers Glocke – außer ihren eigenen Kindern auch noch ihre eigene Tischwäsche lieb hat. Das umgekehrte übliche Mittel, Rotweinflecken durch darauf gestreutes Salz entgegenzuwirken, wird man auch nicht überall anwenden, z. B. wenn man es eben in Anbetracht des besonders großartigen Zuschnittes der Haushaltung, deren Gast man ist, nicht für nötig erachtet. Das beste Mittel aber gegen Tischtuchverunzierungen, das man überall anwenden soll, ist die durch tägliche Übung – auch daheim im stillen Kämmerlein – beobachtete Vorsicht beim Essen und Trinken und die hierdurch in dieser materiellen Tätigkeit erlangte Formensicherheit. Eine Ungeschicklichkeit kann man auch unter Umständen durch eine gemütliche Bemerkung mildern. Frau A. langt von irgendetwas links von ihrem Teller zu, dabei verirrt sich über den linken Rand der betreffenden Obst- oder Konfitüren-Scha-

> *Eine Ungeschicklichkeit kann man auch unter Umständen durch eine gemütliche Bemerkung mildern.*

le oder einer anderen Schüssel herab auch etwas auf den Platz des linken Nachbarn, des Herrn B. Ist nun Frau A. auf dem Gebiete äußerer Vornehmheit besonders großartig erzogen oder veranlagt, so wird sie ob dieses kleinen Malheurs keine Miene verziehen. Ist sie witzig, so wird sie vielleicht zu ihrem beschenkten Nachbar sagen: »Sie haben sich selbst so wenig genommen, ich wollte Ihnen noch was zukommen lassen« oder Ähnliches. Flüstert aber Frau A., als offenes Bekenntnis ihrer Ungeschicklichkeit – oder Verzeihung! als Bekenntnis ihrer ganz ausnahmsweise außer Acht gelassenen Geschicklichkeit – ein mehr oder minder bestürztes »O, verzeihen Sie nur!« – dann leiste sich Herr B. selbst den kleinen Scherz, etwa zu entgegnen: »Ich danke Ihnen sehr, meine Gnädigste, gerade diese Kirsche« – oder was ihm nun gerade vor die Nase gefallen ist – »esse ich besonders gern!«

Schwieriger als das Tranchieren eines ganzen Bratens oder ganzen Fleischgerichtes, das ja meist bereits in der Küche geschehen ist, ist das gewandte Tranchieren oder Zerteilen des einzelnen Stückes namentlich von Geflügel, das man sich auf seinen Teller genommen hat. Erleichtert wird dies durch scharfe Messer, wie man sie ohne Anmaßung in einem vornehmen Haushalt zu beanspruchen pflegt. Den Mangel anatomischer Kenntnisse beim Zerschneiden eines ganzen Vogels oder eines Geflügelteiles auf seinem Teller muss man wenigstens durch vorsichtiges Schneiden zu ersetzen suchen, um seine lebende und tote Umgebung – ich meine die Nachbarn und das Tischtuch – nicht durch beim Zerschneiden emporspringende Teilchen von Knochen oder Fleisch oder aufspritzende Tunke zu gefährden. Ben Akiba berechtigt mich zu dieser Ermahnung – es ist alles schon passiert. Eine andere Unachtsamkeit ist das sogenannte Verschlucken bei Tisch. Es ist oft selbst verschuldet und eine Folge zu hastigen Genießens; trotzdem sei man auch in diesem Falle als Tischgenosse milde und störe

Je unangenehmer sich eine gesellschaftliche Unachtsamkeit äußert, um so taktvoller ist es für die andern, sie scheinbar gänzlich zu übersehen.

den Unglücklichen, dem dies passiert, um Himmels willen weder durch mitleidsvolle Blicke, noch durch Trostesworte oder gar Tätlichkeiten – wie das Klopfen auf den Rücken – in

den mitunter lauten und eigenartig krächzenden Rehabilitie-
rungs-Versuchen. Wie bei einem wirklichen großen Unglück.
Viele, so werden bei einem solchen kleinen Malheur wohl
die Meisten am liebsten und besten mit sich allein fertig.
Je unangenehmer sich eine gesellschaftliche Unachtsamkeit
äußert, um so taktvoller ist es für die andern, sie scheinbar
gänzlich zu übersehen.

Gesegnete Mahlzeit!

Eine besonders zarte Rücksicht der Gastgeber ist es, die Gäste, namentlich ängstliche Gemüter unter ihnen, nicht allein
essen zu lassen. Der Herr oder die Frau des Hauses verlang-
same nötigenfalls das Tempo beim Essen, damit ein besonders
hungriger Gast nicht zuletzt allein isst und in seinem materiellen Genuss nicht seelisch durch den quälenden Gedanken
beunruhigt werde, den Verdacht eines Vielfraßes auf sich
zu laden. Aus demselben Grunde gilt es auch für besonders
zartfühlend, wenn einer der Gastgeber wenn nicht stets, so
doch dann beim zweiten Präsentieren zulangt, so bald wenigstens einer der Gäste dies tut. Auch bei zweimaligem Zulangen,
jedes Mal in entsprechend geringerem Maße, ist der Gastgeber deshalb noch lange nicht genötigt, mehr zu essen, als
ihm angenehm ist; dann wäre eine solche zarte Aufmerksam-

keit als ungesundes, übertriebenes Zartgefühl zu verwerfen.
Namentlich unter den Damen soll es vorkommen, dass man
vorher zu Hause isst, bevor man sich als Gast
zu einem Diner oder Souper begibt, um dann
an der gastlichen Tafel durch scheinbar übergroße
Mäßigkeit einen möglichst ätherischen und wenig
materiellen Eindruck zu machen. Wie jede Verstellung ist

Unsere derzeitigen Anstandsbegriffe gehen darauf hinaus, sich so zu geben, wie man ist, und wenn man über einen gesunden Appetit verfügt, sich keineswegs zu genieren, diesen Appetit auch als Gast zu dokumentieren!

ein solches Gebaren entschieden minderwertig. Als Gast an
Speise und Trank nur zu nippen, namentlich wenn es in er-
sichtlichem Kontrast zur persönlichen Wohlgenährtheit steht,
erweckt keineswegs den Schein einer außergewöhnlichen
Vornehmheit. Solche Zimperlichkeiten sind veraltet. Unsere
derzeitigen Anstandsbegriffe gehen darauf hinaus, sich so
zu geben, wie man ist, und wenn man über einen gesunden
Appetit verfügt, sich keineswegs zu genieren, diesen Appetit
auch als Gast zu dokumentieren! Und damit wünsche ich al-
lerseits »Gesegnete Mahlzeit!«

Rauchen

Beim Thema »Rauchen« möchte ich auf einen sehr verbreiteten Mangel aufmerksam machen. Es fehlt oft an einer genügenden Anzahl Aschbecher, und ihre innere Höhlung ist vielfach so klein oder so flach, dass die Asche nach kurzer Zeit bis an den Rand reicht oder darüber hinausquillt. Im Gegensatz hierzu ist es vornehm – außer kleinen Aschbechern zum Auflegen der Zigarre oder Zigarette –, auch größere Schalen mit etwas Wasser hinzustellen zum Hineinwerfen nicht nur der Asche, sondern auch der sogenannten Stummel. Die meist unschönen Zigarren- und Zigarettenreste verschwinden am besten in einer solchen undurchsichtigen Schale, und das Wasser darin verhindert ein für zarten Geruchssinn unangenehmes weiterglimmen solcher Tabakreste. Auch scharfe Zigarrenabschneider oder scharfe Messer müssen zur Verfügung der rauchenden Gäste vorhanden sein. Nicht grade als hochvornehm gilt es, mit den Zähnen die Zigarre abzubeißen, dahingegen darf man sie an ihrem spitzen Ende mit den Fingernägeln abknipsen. Für das Anzünden der Zigarren bedient man sich in Gesellschaft gewöhnlich eines Leuchters oder eines kleinen Lämpchens. Beim Anzünden mit dem Streichholz halte man dasselbe nicht direkt vor die Zigarre, sondern etwas darunter: es gilt dies für schicklicher, weil sonst empfindliche Raucher leicht aus dem Kopf oder aus dem verkohlten Holz des Streichholzes einen unangenehmen Beigeschmack haben könnten. Das ist beachtenswert für alle, die einem Raucher Feuer geben, also für Diener, Kellner und auch höfliche Gesellschaftsmenschen, welche anderen diese Hilfeleistung gewähren. Beim Darreichen eines brennenden Streichholzes haben die Genannten darauf zu achten, dass derjenige. dem man doch gefällig sein will, sich nicht die Finger verbrennt. Man fasst hierbei das Streichholz etwas vor dem Ende an, so dass der, welcher das brennende Streichholz abnimmt, noch dahinter greifen kann. Solche Höflichkeitsrücksichten hat man als Herr natürlich ganz besonders den rauchenden Damen gegenüber zu beachten.

Wenn auch nicht die Zigarre, so ist doch die Zigarette der Dame in der heutigen Gesellschaft im allgemeinen gestattet. Doch wird eine Dame, die den Schein der Extravaganz möglichst meiden will, klug tun, das Rauchen vor anderer Augen in einem weniger weitherzigen Gesellschaftskreise lieber zu unterlassen.

Töricht ist es natürlich, wenn eine Dame raucht, in der Absicht, dadurch interessant zu erscheinen.

Auch Pedanten müssen jeder rauchenden Dame, die wirklich Geschmack daran findet, doch wenigstens mildernde Umstände zubilligen. Töricht ist es natürlich, wenn eine Dame raucht, in der Absicht, dadurch interessant zu erscheinen. Auf solchen schrecklichen Verdacht kommt man bei Damen, denen man anmerkt, dass sie keine Übung im Rauchen haben. Auch eine andere Eitelkeit dürfte manchmal die Ursache sein, dass Damen in Gesellschaft rauchen. Die beiden Worte »dürfte« und »manchmal« sollen verhindern, dass man mir in Gedanken die Augen auskratzt. Schöne Fingerringe und schöne Hände kann eine glückliche Besitzerin am besten und andauerndsten beim Halten einer Zigarette präsentieren. Über eine solche Eitelkeit pflegen Herren mit Schönheitssinn milde zu denken, wenn sie wirklich schöne Hände zu sehen bekommen, nicht aber, wenn ausschließlich die Ringe sehenswert sind. Das ist dann meist nur für Juweliere und Bijouterie-Fabrikanten eine Augenweide. Unschöne Damenhände, wenn sie ein Anzeichen tätigen Fleißes sind, müssen Respekt einflößen; aber unschöne Damenhände mit kostbaren Ringen zu überladen, ist entschieden geschmacklos.

Eine Unsitte beim Zigarrenrauchen ist das Bearbeiten der Zigarre mit den Zähnen und das Aufweichen des im Mund gehaltenen Endes der Zigarre. Der appetitliche Raucher hält die Zigarre mit trockenen Lippen, zerbeißt sie nicht mit den Zähnen, so dass sie trocken bleibt, ihre Form behält und nicht zum Besen formiert wird.

Kaffee, Schnaps und Bier

Nach Tisch wird gewöhnlich Kaffee serviert, und zwar gibt es in den vornehmsten Kreisen starken Kaffee in möglichst kleinen Tassen, sogenannte Mokkatassen, die sehr vorsichtig zu behandeln sind, da sie meist dünn und zerbrechlich und oft dabei sehr kostbar sind. Auch die kleinsten Tässchen gießt man nur mäßig voll und bietet lieber dafür noch ein zweites Mal an. Gewöhnlich werden auf einem großen Tablett mehrere Tassen und das Zubehör, Zucker und Sahne, präsentiert. Der praktische Gesellschaftsmensch lässt die gewählte Tasse Kaffee, während er sie mit Zucker und Sahne versieht, auf dem ihm vorgehaltenen großen Tablett stehen, nimmt sie dann erst in vorsichtiger Weise herunter und bewegt sich, um nichts zu verschütten, am besten gar nicht oder nur langsam und vorsichtig von seinem Platz. Befindet sich bei der Zuckerdose eine Zuckerzange, so kann man annehmen, dass deren Gebrauch auch von den Wirten gewünscht ist; wenn es auch eigentlich appetitlicher und vom Standpunkt peinlichster Sauberkeit penibler ist, mit der Zange Zucker zu nehmen, so gilt hier doch vielfach das einfachere Verfahren für vornehmer, mit den Fingern den Zucker zu erfassen. Bei einiger Geschicklichkeit wird man ja auch nur den Zucker berühren, den man sich selbst nimmt, und man bekundet durch die ausschließliche Verwendung der Finger hierbei ein gewisses stolzes Selbstvertrauen zu deren Sauberkeit. Natürlich darf man nicht in dem Zuckerbehälter herumwühlen und auf diese Weise den Zucker berühren, den Andere genießen wollen. Nach dem Kaffee oder Mokka wird gewöhnlich das gefährlichste der alkoholhaltigen Getränke, der Schnaps, präsentiert. Er wird oft ohne wirkliches Verlangen nach diesem materiellen Genuss, mehr unbewusst, getrunken, weil er eben präsentiert wird; aber die Zahl derer, die diese besonders starken Spirituosen nicht genießen, scheint mir im Wachsen begriffen. Nach dem Schnaps kommt als letztes und oft recht ausgiebiges Getränk das Bier an die Reihe. Einfaches Essen und Brunnenwasser ist ja wohl sicher das Gesündeste, aber in unserer heutigen Gesellschaft ist es Sitte, jeden auch hier auf Erden nach seiner Art selig werden zu lassen. Es gilt nicht für vornehm, den Mäßigen durch Zureden und Nötigen verführen zu wollen, andererseits aber soll der starke Trinker nicht gerade als Gast zu unfreiwilliger Mäßigkeit gezwungen werden. Es gilt für vornehmer, das Bier nicht

Damen, die gern Bier trinken, brauchen sich heutzutage keineswegs zu genieren, dies auch in Gesellschaft zu tun.

in den gewöhnlichen Bierflaschen den Gästen zu servieren, sondern in geschliffenen weißen Flaschen oder in den seit einigen Jahren eingeführten hellbraunen Kannen oder in den sogenannten großen Siphons. Bei einer großen bierfreudigen Gästeschar, wenn ein sehr langes Zusammensein geplant ist, wird Fassbier das rentabelste und erfrischendste sein. Man lässt auch den Damen Bier präsentieren, daneben natürlich den Herren und Damen auch leichtere Getränke, wie Limonaden, Sauerbrunnen oder einfaches Wasser. Damen, die gern Bier trinken, brauchen sich heutzutage keineswegs zu genieren, dies auch in Gesellschaft zu tun. Das Streben, einen möglichst ätherischen Eindruck zu machen, ist nicht mehr an der Tagesordnung. Wer seine Gäste nach einem Diner oder Souper noch lange bei sich behalten will, wird einige Stunden nach Tisch, meist durch einfache Sachen, wie belegte Brötchen, einer etwaigen wieder eingetretenen Esslust der Gäste zu genügen suchen.

Dringende Bedürfnisse

Eine Anfrage aus dem Leserkreise betrifft ein nach der allgemein herrschenden Ansicht etwas heikles, aber andererseits entschieden wichtiges Thema; hierauf nicht einzugehen, wäre ein Zeichen törichter, falscher Prüderie. Es ist töricht, unrecht gegen sich selbst und durch das schlechte Beispiel auch indirekt für Andere nachteilig, sobald Jemand eine sogenannte Anstandsregel auch dann befolgt, wenn dies seiner Gesundheit zuwider ist oder leicht schaden kann.

Die feierlichste unserer normalen gesellschaftlichen Institutionen ist das Diner, verständigerweise jetzt auf den Einladungskarten auch von tonangebenden Menschen meist mit dem bescheidenen einfachen Wort »Mittagessen« benamst. Auch während eines solchen Diners soll man keiner falschen Scham nachgeben, sondern, wenn man es eben selbst für nötig erachtet, ohne Weiteres vom Tisch aufstehen und unbeirrt durch die Erwägung, wie Andere das aufnehmen, wieder an die Tafel zurückkehren. In solchen Fällen ist unnahbares Selbstbewusstsein durchaus am Platze. Die ruhige Selbstverständlichkeit, mit der man sich entfernt und wieder zurückkehrt, soll den Gedanken durchblicken lassen: »Die eigene Ansicht ist einem in dieser Sache die maßgebendste; und daraus, dass man die Tafel verlässt, haben die verehrten Tischgenossen zu folgern, dass man dies eben selbst für nicht unanständig erachtet.« Von einem Formenmenschen hörte ich den praktischen Grundsatz aussprechen: Was man tut, ist vornehm; ich möchte für den vorliegenden Fall diesen Satz etwas

»Was man tut, ist nicht unvornehm.«

bescheidener in folgende Worte umgestalten: »Was man tut, ist nicht unvornehm.« – In einer sonntäglichen Beilage der »Deutschen Warte«, in der »Gesundheitswarte« Nr. 45, Jahrgang 1902, findet man das Gesagte durch folgende beherzigenswerte Worte bestätigt: »Wir sollen stets daran festhalten, dass wir Menschen sind und als solche auch menschlichen Bedürfnissen unterliegen, und dass es ein Zeichen sittlicher Höhe ist, natürliche Dinge rein und unbefangen aufzufassen. Hierzu gehören vor allen Dingen die Funktionen unseres Körpers. Wenn der Stoffwechsel nicht regelmäßig von statten geht, so muss unsere ganze Organisation schweren Schaden nehmen.« – Grade gesellschaftlich angesehene Persönlichkeiten sollten durch ihr Beispiel ungesunden Prüderien stets entgegenarbeiten.

Viele werden zwar das Thema meiner letzten Plauderei »Falsche Prüderie« für nichtettikettenmäßig halten; dieser Gedanke beunruhigt mich so wenig, dass ich noch einmal kurz auf dasselbe Thema zurückkomme. Man hat mir als beachtenswert folgendes Verfahren empfohlen: Wenn man genötigt ist, auf kurze Zeit vom Tisch aufzustehen, so ziehe man einen dienstbaren Geist ins Geheimnis und sage ihm: »p. p. bitte kommen Sie in einigen Augenblicken an mich heran mit den Worten, Herr X. möchte in einer dringenden Angelegenheit einmal herauskommen!« – Charmant! Wenn eine solche etwas weitschweifige Manipulation glücklich abläuft. Bei einem gewandten Menschen wird dies ja zutreffen. Andererseits aber ist auch die Gefahr groß, durch dies Verfahren mehr Aufsehen zu erregen, als durch ein einfaches Verschwinden, das ja auch in dem Falle praktischer ist, wenn die Angelegenheit eben eine wirklich sehr dringende ist.

Die Tischrede

Unter zwei guten Tischreden ist die kürzere gewöhnlich die bessere. Man verlangt nicht von Jedem, dass er ein guter Redner ist, aber so viel Selbsterkenntnis, so viel Eigen- und Nächstenliebe darf man von Jedem beanspruchen, dass er, als schlechter Redner, seine Sache – diese Qual für sich und für die Anderen – wenigstens kurz macht. Wer keinen Toast ausbringen muss, und wer nicht ganz sicher ist, dass seine Tischrede außer ihm selbst auch den Anderen Vergnügen bereitet, der beeinträchtige sich doch nicht unnötig die materiellen Tafelfreuden durch das Präparieren auf seine Rede, das sogenannte »Maikäfern«, durch das Reden selbst und durch das nachwirkende unsichere Gefühl eines Reinfalles. In einer Sitzung der berühmten »Schlaraffia« zu Berlin lernte ich folgende zwar etwas derbe, aber entschieden praktische Sitte kennen: Wer dort die Anderen durch einen Vortrag ergötzen will, aber nach Urteil eines strengen Richterkollegiums eben nur will und nicht kann, wird mitleidslos in seinem Vortrag unterbrochen durch zwei auf ein geheimes Zeichen erschienene Dunkelmänner, die ihn in einen Karren setzen und von dannen fahren. Schade, dass man dies durchgreifende Radikalmittel nicht auch gegen langweilige Tischreden anwenden kann. Ein schlechter Dauerredner züchtet die gesellschaftliche Lüge. So oft er einen beabsichtigten Witz durch Lächeln markiert, ist man doch meist so höflich mitzulächeln, auch wenn man tiefes Mitleid mit dem Redner und mit seinem erfolglosen Bemühen, zu interessieren, empfindet.

Unter zwei guten Tischreden ist die kürzere gewöhnlich die bessere.

Reden ist Silber, Schweigen ist Gold, und zwar um so mehr Gold, wenn man als Redner nicht nur Silber, sondern sogar Blech produzieren würde. Wer eine Rede halten will, weil es die Umstände von ihm verlangen, oder weil er weiß dadurch zu erfreuen, der hat hierzu die Erlaubnis der Frau des Hauses einzuholen und sodann sich möglichst kurz zu fassen, um den Verlauf des Diners oder Soupers nicht aufzuhalten, und weil er ja vielleicht Manche in einer Unterhaltung stört, die ihnen mehr Vergnügen bereitet, als das Anhören einer oder speziell seiner Tischrede.

Manieren bei Tisch

Auf eine Beanstandung aus dem Leserkreise möchte ich zunächst antworten:

»Der Verfasser schreibt fast ausschließlich über Manieren beim Essen!« – Der Mensch isst jeden Tag mehrere Male; also wer überhaupt auf Kenntnis und Beobachtung äußerer Formen Wert legt, dem wird das Benehmen bei Tisch besonders wichtig erscheinen, auch wenn er nicht gerade materiell veranlagt ist. Die meisten Kritiken, die ich bisher bezüglich der Etikette gehört habe, betrafen Manieren bei Tisch.

Spargel essen

»Wenn ich Jemanden Spargel mit dem Messer schneiden sehe, das tut mir ordentlich weh, als wenn man mich selbst schnitte!« Diese Äußerung hörte ich tatsächlich von einem Herrn, der dadurch ein besonders zartes Empfinden in Etikettesachen bekunden wollte. Nur schade, dass der beabsichtigte tiefe Eindruck dadurch sehr beeinträchtigt wurde, dass der Manieren-

Kritikus mit vollem Munde – zugleich auch kauend – sprach, und dass er seinen Mund, während des Sprechens, über die ihm gerade präsentierte Spargelschüssel neigte. Da haben wir den alten Salat vom Ersehen der Splitter in des Nächsten Auge und vom Übersehen der Balken im eigenen Auge. Über die Einem präsentierte Schüssel, von welcher dann die anderen Festgenossen nehmen und essen sollen, geneigt zu sprechen – das ist so ziemlich das Unappetitlichste, was sich Jemand leisten kann. Und doch – wie oft sieht man es in Restaurationen, dass sich Jemand Essen nimmt und zu gleicher Zeit mit dem ihm die Schüssel vorhaltenden Kellner spricht! Zum Mindesten kann sein Atem doch leicht das Essen berühren; und wer etwa von Denen, die nachher von derselben Schüssel zulangen, zu heißes Essen durch die Kinderfrauen-Methode des Anblasens kühlen will, der verwendet doch hierzu lieber seine eigene Puste.

Für den wahren Etikette-Menschen kommt weniger in Frage, welches Esswerkzeug (ob die la main oder was Anderes) er gebraucht, als vielmehr, wie er es gebraucht.

Anfrage: »Weshalb soll man denn den Spargel mit den Fingern essen? Wenn man trockene behalten will, ist es doch besser, sich des Messers und der Gabel zu bedienen!« – Stimmt ganz entschieden! Sie waren vielleicht, sehr verehrter Abon-

nent, gar Derjenige oder – nach Ihrer Handschrift zu urteilen – Diejenige, welche mit dem Messer den Spargel angesichts jenes strengen Kritikus geschnitten und ihm selbst
damit Herzbluten verursacht hat! Man darf Spargel direkt
mit der Hand zum Munde führen, muss sich eben nötigenfalls
dann der Serviette zum Abtrocknen bedienen. Für den wahren
Etikette-Menschen kommt weniger in Frage, welches Esswerkzeug (ob die la main oder was Anderes) er gebraucht, als
vielmehr, wie er es gebraucht. Das Hineinmanövrieren langer
Spargelstangen mit der Hand in den Mund sieht oft sehr
unschön aus, besonders wenn es unter hörbarer Lippen- und
Zungentätigkeit mit gierig aufgerissenen Augen vor sich geht;
es empfiehlt sich dann wenigstens, mit der anderen Hand die
Gabel oder ein Stück Brot zu nehmen und damit die ganz zum
Munde geführte Spargelstange zu unterstützen. Überhaupt
gehört zu jedem Couvert oder Tischgedeck ein Stück Brot,
um sich desselben zum Hinaufschieben von Speisen, die man
nicht mit dem Messer berühren will, auf die Gabel oder auf
den Löffel zu bedienen. Namentlich in letzter Zeit findet man
auch in den vornehmsten Kreisen, dass man den Spargel mit
der Gabel – und wenn er nicht weich genug ist oder wegen
der Fasern eben auch mit dem Messer – teilt und stückweise
mit der Gabel zum Munde führt. Ich bitte, blaue bzw. gelbe
Postkarten zu sparen, um mir mitzuteilen, dass der Spargel
weich und gut geschält sein muss, ich weiß, dass er dies muss,

weiß aber auch, dass er es oft nicht ist. Wenn der Gastgeber in glücklichem Besitz von nichtstählernen Messern ist, so wird er dieselben zum Spargel oder überhaupt zum Gemüse servieren mit Rücksicht auf jene Gäste, die das Messer gern gebrauchen, aber den Nachgeschmack des Stahles entweder wirklich scheuen oder doch wenigstens so tun, als wenn sie tun täten. Und die simulierte Scheu vor dem Messerstahl wird jedenfalls häufiger sein, als die wirklich vorhandene; denn sicher beobachten Viele nur diese oder jene äußeren Formen, um damit zu kokettieren und zu imponieren. Man sieht es Manchem und Mancher ordentlich an der Nase an, wie ungemein erhaben er sich dünkt, wenn er diese oder jene Etikettenform beobachtet oder zum Beispiel in der Unterhaltung diesen oder jenen Ausdruck gebraucht, der gerade zurzeit für besonders schick und stilvoll gilt. Solche Selbstgefälligkeit ist ja harmlos, aber wen sie stört, der kann sie leicht dämpfen durch Worte wie: »Das soll meine selige Großtante auch immer gesagt haben, als sie jung war!« Noch mehr ernüchternd wirkt vollständige äußere Wurschtigkeit gegenüber Etikette-Manipulationen, die mit besonderer Emphase und umständlichem Raffinement ins Werk gesetzt werden. Aber zurück zum Spargel! Wer den doch entschieden lobenswerten Willen hat, trockene Finger zu behalten oder lieber kleinere Stücke als halbe oder ganze Spargelstangen – sei es aus ästhetischen, sei es aus Gesundheitsrücksichten – zum Munde führt, der wird eben den Spargel teilen und mit der Gabel zum Munde führen. Also nie sklavisch eine Sache nachahmen, weil es fast Alle so machen, wenn man einen verständigen Grund hat, von dem allgemein Üblichen abzuweichen. Das Anfassen des Spargels mit den Fingern ist wohl das allgemein Übliche, aber schon so lange, dass es nicht mehr apart genug ist, um dadurch als Kenner der Formen besonders imponieren zu können.

Radau-Esser

Viel wichtiger ist es, sein Augenmerk auf andere Dinge beim Essen zu richten als auf die Fragen, ob ich Dies oder Das mit der Gabel, dem Löffel oder der Hand zum Munde führe, oder ob ich es mit dem Messer überhaupt berühren darf. Ich erwähnte bereits die Unsitte, sich, über eine Schüssel geneigt, von derselben herunterzunehmen und währenddessen zu sprechen. Auch soll man nicht mit vollem Munde sprechen und außer aus sonstigen ästhetischen Rücksichten auch aus diesem Grunde nicht zu viel auf einmal in den Mund nehmen, um denselben schnell leer zu bekommen, wenn man bei Tische sprechen will. Dann vor Allem soll man möglichst geräuschlos essen. Das Kratzen mit der Messerschneide auf dem Teller, wie es ein schnelles Schneiden bei unnötig starkem

Aufdrücken des Messers auf das Fleisch zur Folge hat, ist ein sehr fragwürdiger Ohrenschmaus, ebenso ein unnötig lautes Berühren der Teller mit Messer, Gabel oder Löffel. In einem besuchten Restaurant, wo die Gäste gegen diese Anstandssitte fehlen, hört man ein beständiges Klirren des Porzellans und Spektakeln, als wenn die sogenannte türkische Scharwache ausgeführt würde; nur dass bei dieser das Klirren und Klopfen nicht allen möglichen Instrumenten nach dem Takte eines lustigen Musikdirigenten ausgeführt wird. Zur Vermeidung solcher Geräusche muss man behutsam und langsam essen. Dies aber gehört nicht nur zum guten Ton, sondern ist auch gesünder, weil man dadurch mehr Zeit zum Kauen der Speisen hat und somit dieselben besser verdauen wird; auch wird man durch langsames Essen vermeiden, die Speisen heiß herunter zu schlingen, was den Zähnen und besonders dem Magen schädlich ist. Ein äußerer Nachteil hastigen Zulangens von den Schüsseln, hastigen Schneidens und Essens ist endlich der, dass man das Tischtuch, auch sich selbst oder gar den friedlichen Nachbar bespritzt und den eigenen oder nachbarlichen Sonntagsnachmittagsausgehrock mit Fettflecken garniert. Wir Menschenkinder laufen doch nicht Gefahr, wie die wilden Tiere, von einem Stärkeren überfallen und beraubt zu werden, wenn wir unsere Mahlzeiten nicht schnell genug herunterschlingen. Mancher Schlecker wird mir da vielleicht einwenden wollen: »Aber wenn man z. B. mit einem Anderen zusammen von derselben Schüssel Austern zulangt, da ist es doch praktisch, schnell zu manipulieren und schnell zu essen!« Dem sei die Antwort: Praktisch mag es sein, aber vornehmer und dem guten Ton entsprechender ist es auch bei dieser Beschäftigung, beim Austernessen, keine habgierige Unruhe zu bekunden. Man esse eben, um sicher zu gehen, von ein und derselben Schüssel herunter die Austern nur mit Zeitgenossen zusammen, von deren Selbstlosigkeit man felsenfest überzeugt ist.

Wir Menschenkinder laufen doch nicht Gefahr, wie die wilden Tiere, von einem Stärkeren überfallen und beraubt zu werden, wenn wir unsere Mahlzeiten nicht schnell genug herunterschlingen.

Fast ebenso unangenehm und dabei noch unschöner sind jene Geräusche, die der unmanierliche Esser ohne alle Apparate mit seinen natürlichen Esswerkzeugen — als da sind Lippen, Zunge und Zähne — ausführt. Viele achten nicht darauf, nach Aufnahme eines Bissens den Mund zu schließen, damit man die Tätigkeit der Zähne und der Zunge weder sieht noch hört! Ein Schmatz, namentlich von seinem Schatz, soll ja etwas sehr Angenehmes sein; aber das Schmatzen, nämlich das hörbare laute Schmatzen mit dem Munde beim Essen ist für diejenigen Tischgenossen, welche auf gute Manieren Wert legen, entschieden unangenehm. Alles dies sind Kardinalverstöße gegen den guten Ton bei Tisch; und sie werden trotzdem gerade von Vielen begangen, die etwas von Etikette verstehen wollen und das zu bekunden meinen durch abfällige scharfe Urteile über bei Weitem weniger unangenehme Gewohnheiten Anderer. – Man kann das Ohr des Anderen leichter beleidigen als das Auge, denn es ist umständlicher, sich die Ohren zuzuhalten, als wegzusehen; außerdem dämpfe ich durch Ersteres meist nur die Wirkung. – Bei Tische aber kann ich mir die Ohren nicht zuhalten, geräuschvolles Benehmen meiner Tischgenossen beim Essen muss ich von Anfang bis Ende mit anhören. Wenn aber Jemand wahrhaftig so zart besaitet ist, dass er es nicht sehen kann, wenn Jemand die Kartoffel mit dem Messer berührt oder sogar – o Graus! – das Messer zum Munde führt, der kann doch einfach wegsehen!

Gerade Diejenigen, welche die Etikette beherrschen, und deren gute Manieren als ganz natürlich und selbstverständlich erscheinen, gerade Diejenigen sind milde in ihrem Urteil über Andere!

Gerade Diejenigen, welche die Etikette beherrschen, und deren gute Manieren als ganz natürlich und selbstverständlich erscheinen, gerade Diejenigen sind milde in ihrem Urteil über Andere!

Auf eine Beanstandung aus dem Leserkreise möchte ich antworten:

»Das anempfohlene längere Kauen der Speisen ist allerdings gesund, aber doch keine Etikettensache!« – Ich empfahl als Erfordernis des guten Tones, nicht hastig, sondern langsam zu essen und erwähnte ganz besonders als gesundheitlichen Vorteil hiervon, dass es ein längeres Kauen ermögliche. Wie ich neben einem ästhetischen ein natürliches Wesen für eine Hauptbedingung äußerer Vornehmheit halte, so meine ich, dass es für den Wert einer äußeren Form keine bessere Empfehlung gibt, als eine natürliche, also z. B. sanitäre Begründung. Übrigens machte mich ein gleichgesinnter Leser unseres Blattes darauf aufmerksam, langsames Essen und hierdurch ermöglichtes sorgfältiges Durchkauen der Speisen sei auch aus dem noch näher liegenden Grunde zu empfehlen, weil es die Gefahr vermindere, kleine, spitze Knöchelchen oder zufällig in die Speisen hineingeratene Dinge versehentlich hinunterzuschlucken, welche – wie zum Beispiel: Steck- oder Nähnadeln – als Nahrungsmittel entschieden unbeliebt sind.

Übervolle Schüsseln

Eine sehr dankenswerte Anregung aus dem Leserkreise veranlasst mich zu einigen weiteren Erörterungen über Manieren bei Tisch.

Man achte darauf, die Schüsseln nicht zu sehr mit dem betreffenden Gericht zu beladen, nicht bis dicht an den Rand einer Sauciere oder Schüssel anzufüllen. Viele Hausfrauen, namentlich aus dem goldenen Mittelstande, glauben durch überfüllte Schüsseln ihre gastliche Freigebigkeit zu bekunden, aber ästhetischer und praktischer ist es, die Schüsseln nicht übermäßig zu beladen. Unsere dienstbaren Geister sind doch keine Balancier-Künstler, und es ist schwierig für sie, beim Tragen und Präsentieren übervolle Gefäße so zu halten, dass der betreffende Inhalt oder ein Teil desselben nicht über Bord geht. Andererseits ist es für den Tischgenossen mühsam, von einer übervollen Schüssel zuzulangen und dabei Alles, was er nicht auf seinem eigenen Teller haben will, in dem präsentierten Gefäß zu belassen. Eine Materie, die für den menschlichen Magen bestimmt ist, also Speisen und Getränke, darf sich nicht aufs Tischtuch oder – noch schlimmer – auf die Kleider der Schmausenden verirren. Letz-

»Glücklich ist, wer vergisst, was nicht mehr zu ändern ist.«

teres schädigt zugleich mit dem Anzug oft auch die frohe Laune des Betroffenen. Der Vollblut-Formenmensch allerdings wird sich mit stoischem Gleichmut begießen lassen. »Glücklich ist, wer vergisst, was nicht mehr zu ändern ist.« Der Fettfleck, der einmal auf dem Rockärmel Posto gefasst hat, verschwindet dadurch nicht, dass man wie der Schiller'sche »Eisenhammer«-Graf die finsteren Brauen rollt und den betreffenden dienstbaren Geist, den das Bewusstsein seiner Nachlässigkeit schon genug bedrückt, noch durch Blicke oder gar in Worten tadelt. Das überlasse man den Wirten, die natürlich auch besser ihre Missbilligung später – als sofort in Gegenwart der Gäste – äußern. Auf flachen Schüsseln, wie Braten- oder Fisch-Schüsseln, wird man tunlichst beim Auflegen des Gerichtes den Rand frei lassen, denn der Rand ist lediglich zum Anfassen da und soll durch seine Neigung nach oben ein Herabgleiten der Speisen verhindern. Also, wer auf vornehmes Servieren Wert legt und über keine genügend große Schüsseln verfügt, wird ein Gericht lieber auf mehreren Schüsseln servieren. Man erzählte mir von einem Diner – entsprechend unserem Respekt vor dem Fremdländischen nennen wir Deutschen doch so ein Mittagessen unter feierlichen Umständen – man erzählte mir einst, wie ein Lohndiener – vermutlich über den Teppichrand – beim Präsentieren eines Gerichtes stolperte, so dass von der überreichlich beladenen Schüssel mehrere Stücke Fleisch auf den Teller eines Tischgastes herabglitten. Der Betreffende, welcher neben der durch dies Malheur sichtlich beunruhigten Frau des Hauses saß, sagte ganz ruhig zu ihr: »Ich habe da doch etwas zu viel auf meinem Teller; ich bitte, Einiges auf die Bratenschüssel zurücklegen zu dürfen.« Und mit einer einem Über-Oberzeremonienmeister würdigen Gelassenheit ergriff er das große Besteck der Bratenschüssel und packte auf dieselbe angesichts der erleichtert aufatmenden Hausfrau von seinem Teller, von dem er natürlich noch nicht gegessen hatte, zwei Stück Fleisch wieder zurück. Einen Fleck, der sich auf dem Tischtuch neben seinem Teller zeigte, deckte er – wie zufällig – mit seiner Menükarte liebevoll zu. Man darf annehmen: der Mann wird gewiss auch in wichtigen Dingen nie seine Fassung verlieren und stets sich und Anderen – wie im vorliegenden Falle seinen gastfreundlichen Wirten und noch mehr dem stolpernden »Johann« – zu helfen wissen. Durch ein Benehmen wie das eben geschilderte bekundet man jedenfalls mehr Taktgefühl, als zum Beispiel dadurch, dass man Spargel mit den Fingern oder sonstwie isst.

Rand frei

Aber auch den eigenen Teller soll der Einzelne nicht zu sehr beladen; denn es ist schicklich, dass man das, was man sich auf einen Teller genommen hat, im Allgemeinen auch aufisst. Ich sage: »im Allgemeinen«; denn mögen Andere anders denken – ich scheue mich nicht, den Gesetzen der Etikette zuwider zu handeln, wenn ihnen nach meiner Ansicht wichtigere Interessen entgegenstehen, so die Rücksicht auf die Gesundheit. Wenn ich z. B. einmal erst nachdem ich mir von einer Speise genommen und bereits etwas davon gegessen hätte, merken sollte, dass mir dieselbe direkt widersteht, so würde ich eben den Rest auf meinem Teller liegen lassen. Auf keinen Fall ist man durch Etiketterücksichten verpflichtet, aufzuessen, was Einem von anderer Seite vorgelegt wird, also wenn man in einfacheren Restaurationen das bestellte Gericht direkt auf dem Teller serviert bekommt, oder auch wenn Einem als Gast trotz des ablehnenden Dankes die Hausfrau selbst zu reichlich den Teller füllt, oder man z. B. einen übervollen Teller Suppe vorgesetzt erhält. Sich selbst seinen Teller mit Speise zu überladen, macht einen – gerade herausgesagt – gefräßigen Eindruck. Ein bis zum Rande gefüllter Teller sieht unästhetisch aus; wer auch in Äußerlichkeiten als möglichst vornehm gelten will, der wird den lediglich zum Anfassen bestimmten Tellerrand stets von Speise unberührt lassen und auch Butter und Käse auf die Bodenfläche seines Tellers und nicht auf den Rand desselben streichen. Der Tellerrand hat ja doch seine erhöhte Form, um das Essen räumlich auf die Bodenfläche des Tellers zu beschränken. Beim Präsentieren der Schüsseln und namentlich der Saucieren sind dieselben so über den Teller des Tischgastes zu halten, dass kein seitlicher Zwischenraum entsteht, um so ein Herabtropfen flüssiger Bestandteile von Speisen aufs Tischtuch zu verhindern. Wenn die Tischteilnehmer selbst diese oder jene Schüssel weiterreichen, so hat man darauf zu achten, den Nachbar nicht zu beunruhigen, sondern ihm erst eine Schüssel zu reichen, wenn er bereit ist, davon zu nehmen; also z. B. werde ich meinem Nachbar nicht gerade in demselben Moment die Kartoffelschüssel reichen, wo er dabei ist, von der ihm durch einen Diener präsentierten Fleischschüssel zuzulangen.

Spargelteller

Bevor ich zu weiteren Betrachtungen übergehe, möchte ich noch eine Beanstandung aus dem Leserkreise erwähnen, die meine letzte Plauderei betreffen.

Die Beanstandung erfolgte mündlich. Um Porto zu sparen, hat mich ein mir wohlwollend gesinnter Leser zum Spargelessen eingeladen und mir dabei die Frage vorgelegt, auf welche komplizierte Weise ich eigentlich lange Spargelstangen auf meinem Teller unterbringe, wenn ich den Tellerrand von allem Essbaren freilassen will; dies hatte ich nämlich in meiner letzten Plauderei anempfohlen. Ich war gründlich geschlagen; nachdem ich den Sieger als sein Gast noch gründlich

geschädigt habe, ist das hochwichtige Resultat meiner angenehmen Niederlage und einer in ernstem Denken verbrachten
Nacht   Nachfolgendes:

Lange Spargelstangen –
so tief betrübend es auch
ist – wird man derart
auf seinen Teller legen
müssen, dass sie sogar oft
über den Tellerrand hin-
ausragen. Aber sobald
ich durch mein Schrift-
stellern reich geworden,
werde ich diesem Übel
entgegentreten und eine
Porzellanfabrik gründen,

*Aber sobald ich durch
mein Schriftstellern reich
geworden, werde ich diesem
Übel entgegentreten und eine
Porzellanfabrik gründen, in der
man besondere Spargelteller
fertigt, schmale längliche Teller,
auf denen lange Spargelstangen
wirklich Platz haben und dabei
den Tellerrand freilassen.*

in der man besondere Spargelteller fertigt, schmale längliche
Teller, auf denen lange Spargelstangen wirklich Platz haben
und dabei den Tellerrand freilassen. Allerdings gibt es ja zurzeit andere soziale Schäden, die noch eindringlicher Alle, die
zu hören verstehen, um Hilfe anschreien.

Die Serviette

Anfrage: »Wie bringe ich die Serviette während des Essens an? Legt man die Serviette nach dem Essen zusammen?« – Während des Essens ist es in der vornehmen Welt am gebräuchlichsten, die Serviette ausgebreitet über die Knie zu legen. Auf diese Weise kommt die Serviette unterhalb der Tischplatte zu liegen, und man bekundet hiermit, dass man die Serviette ausschließlich zum Abwischen des Mundes beim Essen oder Trinken gebrauchen will und nicht auch als Schutzmittel gegen Beflecken der Kleidung. Gegen Letzteres ist eben der Muster-Formenmensch durch sein vorsichtiges Essen und Trinken gefeit. Das Hineinstecken eines Zipfels der Serviette innerhalb des Kragens, um dadurch die obere Hälfte der Kleidung vor Flecken zu bewahren, gilt zwar als durchaus nicht besonders guter Ton; aber wem es so besser schmeckt, oder wer eben nur dadurch seine Körper-Umhüllung vor Flecken zu bewahren glaubt, der hülle seinen oberen Menschen getrost in einen leinenen Panzer, und ich rufe ihm von Herzen zu: »Gesegnete Mahlzeit!«; jedenfalls ist es taktlos, durch Worte oder Gebärden sein Missfallen einem friedlichen Tischnachbar zu bekunden, welcher gegen diese oder jene Etikettenform verstößt.

Auf den zweiten Teil der Anfrage: »Legt man die Serviette

nach dem Essen zusammen?« antworte ich: »Ja und Nein!« –
»Ja« oder »Nein« könnte ich antworten, wenn ich wusste,
wer der Fragesteller ist, und wessen Gast er war. Man wird
sich in dieser Sache – wie überhaupt in seinem Verhalten –
den Wünschen seiner Wirte anpassen. Ist Jemand einmaliger
Gast in einem vornehmen Hause von modernem Zuschnitt,
so wird er nach dem Essen seine Serviette in losem Zustande
auf das Tischtuch legen; denn durch ein sorgfältiges Zu-
sammenfalten würde er den – schrecklichen! – Verdacht bekunden: »Vielleicht wird die von mir benutzte Serviette auch
noch ungewaschen zu anderweitigen Zwecken verwendet!« –
Ist man längere Zeit oder auch nur für mehrere Mahlzeiten
Gast eines Hauses, so wird man
seine Serviette nach dem Essen
wieder zusammenlegen, denn
man will sie ja noch weiter benutzen; und wenn man es nicht
selbst tut, wird die Serviette, die
man doch zum eigenen Munde
führt, von fremden Händen zu-
sammengefaltet. Ein entschieden lobenswerter Standpunkt
ist es, wenn man sich als Gast bemüht, den Wünschen seiner
Wirte gemäß zu handeln.

Ein entschieden lobenswerter Standpunkt ist es, wenn man sich als Gast bemüht, den Wünschen seiner Wirte gemäß zu handeln.

Wie früher erwähnt, gilt es nicht gerade für ein Muster
von Vornehmheit, die Serviette am Halse zu befestigen, um

den Anzug vor Flecken zu bewahren. Der geschickte Gesellschaftsmensch verfährt beim Essen und Trinken so gewandt und vornehm-ruhig, dass Fettflecke auf seinem Anzug wie auf dem Tischtuch ausgeschlossen sind, er breitet die Serviette lediglich über seine Knie aus. Eine gewandte Manier, die Serviette am Herabgleiten vom Schoße zu hindern, ist es, einen Zipfel der Serviette unmerklich unter den Teller zu schieben und durch dessen Schwere festzuhalten. Freilich darf man dann nicht hastig die ganze Serviette zum Munde führen und hierbei den Teller samt dem Salmi von Rebhuhn oder einem sonstigen leckeren Gericht herunterfeuern. Die Serviette übrigens muss für ihren Hauptzweck, den Mund abzuwischen, auch in geeigneter Weise präpariert sein. Man sollte auch in öffentlichen Lokalen den Gästen keine fast brettartig-hart gestärkten, geschweige denn ganz neue, noch ungewaschene Servietten reichen. Diese Hausfrauen-Sparsamkeit, durch noch ungewaschene Servietten mehrmaliges Waschgeld ersparen zu wollen – denn ungewaschene, glänzende Leinwand schmutzt nicht so leicht ein – findet selten Anerkennung. Mit besonderer Vorliebe gleiten bekanntlich die Servietten von seidenen Damenkleidern herunter, und speziell für diesen Fall dürfte es praktisch sein, die Serviette in obiger Weise festzuhalten. Auch an der table d'hôte oder überhaupt in einem öffentlichen Lokal, oder – noch allgemeiner gefasst – wo und wann es auch immer sei, wird der vornehme

Mann einer Dame, auch wenn er an Alter ihr Großvater sein könnte, einen ihr entfallenen Gegenstand aufzuheben suchen, auch wenn ihm die Dame gänzlich fremd ist. Ich kann mir da einen Ausnahmefall denken, der sicher, wie alles im Leben, auch vorkommen dürfte, nämlich den Fall, dass eine siegesbewusste und übermütige Dame in koketter Weise einen solchen Höflichkeitsdienst von einem ihr interessanten Nachbarn an der table d'hôte durch absichtliches Fallenlassen ihrer Serviette erzwingen will. Ist eine solche frevelhafte (?) Absicht klar ersichtlich, und ist der Mannesstolz des Herrn größer als seine Verliebtheit, so wird er unter Umständen die herabgefallene Serviette absichtlich übersehen. Das soll wohl auch bequemer und manchmal mehr geeignet sein, einem solchen »Übermut« zu imponieren, als wenn man nach dem landläufigen Höflichkeitsschema die Serviette aufhebt. Doch, wie gesagt, ich habe einen solchen Fall nicht erlebt, sondern denke ihn mir bloß als möglich.

Wenn man etwas derb geartet ist, muss man dabei wenigstens auch witzig sein. Eine Dame erzählte mir mit großem Vergnügen die Bemerkung eines ihrer Tischherren, der bei dem wiederholten Herabgleiten ihrer Serviette auf einem feierlichen Diner zu ihr gesagt hätte: »Ich weiß nicht, ob mir das Bücken gut tut; haben Sie zufällig Hammer und Nägel bei sich, dann wollen wir die Serviette festnageln, oder sonst will ich das Ding, das ja unten auch ganz schön liegt, nur immer aufheben, wenn Sie es gebrauchen!« Es kommt meistens auf das »Wie« an, und unter Umständen wirkt eine Abweichung von den feststehenden Satzungen usueller Höflichkeit sehr erfrischend, wie ich bei dieser Geschichte an dem fidelen Gesicht der liebenswürdigen Erzählerin merkte.

Im allgemeinen wird eine Dame jeden ihr doch freiwillig gewährten Höflichkeitsdienst eines Herrn ohne Murren annehmen und dafür das übliche »Danke« oder »Danke sehr« aussprechen oder doch wenigstens durch Neigen des blonden oder andersfarbigen Hauptes ausdrücken. Namentlich beim Aufheben ihrer Serviette durch ihren Nachbar wird die Dame sich nicht auch noch bücken,

Wenn man etwas derb geartet ist, muss man dabei wenigstens auch witzig sein.

schon aus Klugheitsrücksichten; denn im Falle einer Karambolage unter dem Tische könnte sich der Kopf des Herrn als der härtere erweisen. An der table d'hôte, wie auch sonst in einem öffentlichen Lokale, wird der taktvolle Mensch zu vermeiden wissen, seine Tischnachbarn auch nur im geringsten, sei es durch gewaltsame Konversationsangriffe oder sonst wie zu belästigen, wenn er nicht das sichere Gefühl hat, dass der andere Teil geneigt ist, eine Unterhaltung oder gar nähere Bekanntschaft anzuknüpfen.

Im Anschluss an mein Servietten-Thema der letzten Plauderei möchte ich Interessenten auch mein Spezial-Geheimmittel verraten, um das Herabfallen der über die Knie gebreiteten Serviette zu verhindern. Ob dies Mittel geschmackvoll ist, darüber sind andere vielleicht anderer Ansicht; als durchaus praktisch habe ich diese meine unpatentierte Erfindung erprobt. Ich stecke einen Serviettenzipfel während des Essens in eine Westentasche. Einmal passierte es mir allerdings, dass ich mit einer also befestigten kleinen Serviette, über welcher ich den Überrock zugeknöpft hatte, aus einem Restaurant von dannen zog. Aber zerstreut soll oder braucht man ja nicht unbedingt zu sein. Eine nähere Veranlassung zu diesen Zeilen gibt mir der Umstand, dass ich jüngst an der table d'hôte neben einem älteren vornehmen Herrn saß, der seine lose über die Knie gelegte Serviette tatsächlich dreimal herunterfallen ließ.

Suppenlöffel

Eine andere Frage: »Wie hält man den Löffel beim Suppen?« — Wenn man seine Manieren möglichst ästhetisch gestalten will, so wird man den Suppenlöffel mit der Breitseite, nicht mit der Spitze zum Munde führen; denn letzteres Verfahren macht größere Armbewegungen nötig, und das sogenannte »Herumfuchteln« mit Armen und Händen bei Tisch ist unschön. Geradezu eine Unsitte ist es, mit dem Besteck in der Hand – zumal wenn man mit demselben bereits gegessen hat – heftig herumzugestikulieren. Um Flecke auf dem Tischtuch zu vermeiden, soll man das Besteck stets über dem Teller halten. Aus demselben Grunde gilt es auch als vornehmer, wenn man fertig gegessen hat, das Besteck auf dem Teller zu belassen. Doch wenn man sieht, dass die Hausfrau ihr Besteck neben den Teller legt, so folgert man daraus, dass man dasselbe Besteck auch zum nachfolgenden Gerichte benutzen soll, und man folgt – artigerweise – dem Beispiele der Hausfrau. Wenn man sein Besteck auf dem Teller lässt, so ist es Sitte, Messer und Gabel über einander auf die rechte Seite des Tellers zu legen, denn so liegt das Besteck am sichersten und bequemsten für den dienstbaren Geist, der einen von gebrauchten Tellern und Besteck befreit; hierbei übrigens darf der Diener keinesfalls das Besteck, getrennt vom Teller, allein hinwegnehmen, um nicht durch die am Besteck haftenden Speisereste das Tischtuch oder die Tischgäste zu gefährden. Wenn ich zu einem Gericht das Messer überhaupt nicht benutzt habe, so werde ich natürlich beim Wechsel der Teller das Messer auf dem Tischtuche rechts vom Teller liegen lassen.

Wie schon erwähnt, ist es vor Allem schicklich, sich den Wünschen der Hausfrau zu fügen, und man macht sich unbeliebt, wenn man dieselbe etwa auf ein vermeintliches Versehen aufmerksam macht. Wenn einem Herrn zuerst präsentiert wird, so soll er sich den Anordnungen der Hausfrau fügen und eben zuerst nehmen und nicht erst seine »kolossale Formenkenntnis« durch banale Redensarten bekunden wollen, wie etwa: »Aber ich

Wenn man seine Manieren möglichst ästhetisch gestalten will, so wird man den Suppenlöffel mit der Breitseite, nicht mit der Spitze zum Munde führen.

kann doch wohl nicht vor den Damen nehmen!« – Du kannst dies, schüchterner Jüngling, ruhig wagen – ohne vorher mit Phrasen zu paradieren; denn Mut zeiget bekanntlich auch der Mameluck, aber Gehorsam, Gehorsam gegen die Anordnungen der Hausfrau, sei bei Tisch nicht nur des Christen, sondern auch des Juden erster Schmuck!

Dass auch in Etikettefragen Theorie und Praxis ein gar verschieden Ding sein kann, merkte ich neulich an mir selbst. In meiner letzten Schicklichkeits-Plauderei hatte ich es als ästhetischer fürs Auge hingestellt, den Suppenlöffel mit der Breitseite und nicht mit der Spitze zum Munde zu führen. Ich machte einen schüchternen Versuch, Wort und Tat in Einklang zu bringen, aber nur einen einzigen Versuch, die Sache war mir zu unbequem; als ich den Löffel mit der Breitseite zum Munde führte, war mir mein Schnurrbart im Wege. Und wenn ich mir ihn hätte sofort abrasieren lassen, wäre mir ja die Suppe kalt geworden. Aber auch später habe ich mich entschlossen, in diesem Falle auf den höheren Grad von Ästhetik zu verzichten, und bin in diesem wichtigen Entschlusse durch einen gütigen Beitrag aus dem Leserkreise bestärkt worden.

Aus dem freundlichen Coburg kamen u. A. folgende Zeilen: »Der jetzt fast ausschließlich übliche Esslöffel, welcher in eine Spitze ausläuft, weist mit seiner Form einzig und allein auf den Gebrauch hin, ihn mit der Spitze in den zarten Mund zu führen und die Suppe an der Spitze auslaufen zu lassen, nicht über Bord zu kippen. Nicht den Arm muss man verrenken, um den Löffel mit der Spitze in den Mund zu führen, sondern nur das Handgelenk mit Geschick und Feinheit biegen gleich dem gewiegten Violinspieler, der mit geschmeidigem Handgelenk den Bogen führt.« Der Ausdruck »zarter Mund« ist hier besonders am Platz; denn nur dem glücklichen Besitzer eines großen Mundes – in billigen Zeiten geht viel rein, in teuren nichts daneben! –, nur diesem wird es leicht sein, beim Führen der Breitseite des Löffels an den Mund nichts daneben gehen zu lassen oder nicht auch die Mundwinkel mit dem Inhalt des Löffels in Berührung zu bringen. Die vermeintlich ästhetischere Art des Suppens verführt außerdem leicht zum wenig ästhetischen hörbaren Einschlürfen der Suppe.

In meinen ersten Plaudereien äußerte ich verschiedene

Ansichten über die Haltung des Suppenlöffels, ob man ihn mit der Breitseite oder mit der Spitze zum Munde führt. In der Mitte liegt das Wahre. Das Richtigste und Praktischste wird sein, wie es viele ganz unwillkürlich von selbst machen werden, den Suppenlöffel dicht an der Spitze, zwischen dieser und dem Mittelpunkt der Breitseite des Löffels zum Munde zu führen.

Die gerade Körperhaltung

Eine wichtige Sache für das Benehmen bei Tisch möchte ich noch erwähnen: die gerade Körperhaltung. Die behagliche Stimmung, in die uns Essen und Trinken versetzen, verleitet Viele, sich gehen zu lassen, mit krummem Rücken dazusitzen oder gar die Ellbogen auf den Tisch zu stützen. Ob auch bei Tische, weiß ich nicht, aber im Allgemeinen glaube ich entschieden, die Männer haben eine bessere Körperhaltung als das zartere Geschlecht, und das ist sicher das Verdienst der militärischen Erziehung. Solange es kein Amazonenkorps gibt, sollten unsere jungen Damen, auch die älteren, freiwillig turnen und Zimmergymnastik treiben. Wer Gefallen an jungen, anmutigen Damen findet. dem tut es in der Seele weh, wenn er sie mit nach vorn geneigtem Kopf, mit hochgezogenen Schultern gehen, stehen oder sitzen sieht; und gegen das »Sitzenbleiben« erlaube ich mir mithin – wenn auch nicht gerade als wichtigstes Mittel – zu empfehlen: »Kopf zurück! Schultern herunter! Stolz, frei und froh in die liebe Herrgottswelt schauen, meine Gnädigsten!«

Solange es kein Amazonenkorps gibt, sollten unsere jungen Damen, auch die älteren, freiwillig turnen und Zimmergymnastik treiben.

Bei Tisch – Geduld, ich komme gleich zu etwas Anderem – bemühe man sich, Oberarme und Ellbogen nicht abzuspreizen, sondern leicht anzuziehen, aber beileibe nicht hierbei die Schultern hochziehen; denn sonst macht die Körperhaltung einen gezwungenen ängstlichen Eindruck. Durch Herannehmen der Oberarme vermeidet man ein Belästigen des Tischnachbars und erleichtert man den Dienstboten das Präsentieren der Schüssel. Wer heute beim Kommerzienrat A. bequem tafelt, also mit weiten Zwischenräumen zwischen den einzelnen Tischplätzen, der übe sich trotzdem darin, sich in horizontaler Richtung möglichst wenig auszudehnen; denn vielleicht muss ebenderselbe morgen beim Professor B. verteufelt eng sitzen! Weeß mersch denn!?

Nicht steif, aber grade!

Die gerade Körperhaltung bei Tisch hatte ich schon in einem vorgehenden Abschnitt anempfohlen. Eine Leserin, die ich um ihr weiteres Interesse für meine Etikette-Plaudereien nur bitten kann, schreibt Folgendes: »Ich kann nicht finden, dass behagliche Stimmung durch steifes Geradesitzen bei Tisch erhöht wird. Ich finde im Gegenteil eine ungezwungene Haltung viel netter. Warum soll man nicht auch die Arme auflegen, selbst die Ellbogen stützen? Es muss Alles mit Grazie und Schick gemacht werden. Besonders in der Unterhaltung mit seinem Gegenüber wirkt es entschieden steif und unnatürlich, wenn man artig die Arme unter dem Tisch lässt und recht gerade dasitzt.« Ich bin – Gott sei Dank, denn ich würde es mit der Einsenderin obiger Zeilen nicht gern verderben –, ich bin im Allgemeinen derselben Ansicht. Natürliches Wesen, das habe ich schon öfter betont, halte ich für eine Grundbedingung äußerer Vornehmheit – und Ungezwungenheit, natürlich innerhalb des Rahmens der guten Sitte, für ein Zeichen von selbstbewusster Sicherheit im Benehmen. Der Mensch muss Einem doch leid tun, dem man die beständige Angst anmerkt, irgendwo anzustoßen oder irgendwie zu missfallen.

Ich möchte nur behaupten, man könne gerade bei Tisch

sitzen, ohne steif zu sein; meiner Ansicht nach gehören die Hände stets auf den Tisch, und die Unterarme oder wenigstens ein Teil derselben dürfen direkt auf dem Tisch ruhen. Nur bin ich entschieden gegen ein Aufstützen der Ellbogen auf den Tisch, wenn man eben Wert darauf legt, ein Muster-Etikettenmensch zu sein. In den Himmel soll man ja allerdings auch kommen, ohne dieser letzten Anforderung zu genügen. Aber ganz richtig ist es: es kommt immer auf das Wie an; wenn es auch Menschen gibt, die selbst beim Aufstützen ihrer Ellbogen auf den Tisch nicht ungraziös erscheinen, so sind sie dann eben besonders begnadet, wenn sie trotz einer im Allgemeinen unschicken Körperhaltung noch graziös erscheinen.

Der Mensch muss Einem doch leid tun, dem man die beständige Angst anmerkt, irgendwo anzustoßen oder irgendwie zu missfallen.

Vom Umgang mit Speisen

Eine Sache können die Diner-Gäste eben sowohl beim Mister Vanderbilt in New York als bei einem unbesoldeten verheirateten Assessor verlangen: dass man sich beim Diner nicht den Mund verbrennt, also dass die Suppe und die übrigen Speisen nicht heiß aufgetragen werden. Manche schlingen namentlich die Suppe zwar gern heiß herunter, doch das ist eine gesundheitsschädliche Geschmacksrichtung und deshalb Geschmacksverirrung; also bessere man sich in diesem Falle! Durch das Nachfolgende werde ich wohl die Entrüstung manches Formen-Enthusiasten entfachen. Die Beobachtung der Etikettenformen ist nichts derart Wesentliches und Wichtiges, um ihretwegen zum Märtyrer zu werden. Was der Mund aufgenommen hat, soll er im Allgemeinen auch nicht mehr herausgeben; trotzdem wäre es doch töricht, sobald man beim Kauen auf Etwas stößt, das nicht zum Gericht gehört, sondern nur durch ein außergewöhnliches Versehen hineingeraten ist, dies nun mit Todesverachtung auch hinunterzuwürgen; aber ich gehe noch weiter: ich halte es für durchaus gerechtfertigt, auch einen zu heißen Bissen aus dem Munde zu entfernen, sobald derselbe Schmerzen verursacht. Man soll getrost in solchen Fällen, ohne eine Miene zu verziehen, in möglichst unauffälliger Weise mit Gabel oder Löffel den Bissen auf den Teller zurücklegen und unter Umständen, wenn möglich, mit einem Stückchen Brot liebevoll zudecken. Wenn man nicht hastig, sondern mit vornehmer Ruhe isst, wird man ja das Un-

> *Die Beobachtung der Etikettenformen ist nichts derart Wesentliches und Wichtiges, um ihretwegen zum Märtyrer zu werden.*

heil schon merken, sobald man den Bissen dem Munde nähert. Jedenfalls hat hierbei ein gestrenger Etikettenkritiker mit seinem stillen Groll nicht den Tischgenossen zu beehren, der keinen Gefallen daran findet, sich den Mund zu verbrennen, sondern höchstens die Frau des Hauses, deren Küchenpersonal nicht daraufhin gedrillt ist, die Speisen in essbarem Zustande an die Tafel zu liefern.

Ferner sollen die Speisen so präsentiert werden, dass man bequem – auch bei geringem Essbedarf – zulangen kann. Es ist schicklicher, das Fleisch und andere feste Gerichte in kleine Teile zu tranchieren oder zu zerlegen; denn es ist doch einfacher, sich bei größerem Appetit mehrere Stücke zu nehmen, als bei geringem Essbedarf von den ausschließlich großen Stücken eines derselben beim Zulangen erst teilen zu müssen. Das Fleisch ist nicht ordentlich tranchiert, wenn die einzelnen Stücke oder zum Beispiel die Bratenscheiben noch lose zusammenhängen.

Austern und Krebse

Über Manieren bei Tisch habe ich mich besonders in meinen ersten Plaudereien ausführlich geäußert; über das Essen von Austern und Krebsen möchte ich noch einiges hinzufügen. In Hamburg habe ich schon vor langer Zeit, in den vornehmsten

Restaurationen, die Auster ohne Bart serviert erhalten, also in dem Zustande, in dem man sie verzehrt, später auch hin und wieder an anderen Orten und in Privathäusern. Diese Art des Servierens ist natürlich für sogenannte Konzert-Austernesser, die möglichst viel in kurzer Zeit vertilgen wollen, besonders angenehm. Die Austern gelten für ein so vornehmes Gericht, dass auch ihr Massenvertilger nicht als Vielfraß gilt, sondern, wenn er über großen Mammon verfügt, im neidlosen Augenzeugen seiner Austernverkonsumierung nur den Gedanken erregt: »Wohl ihm, dass er sich das leisten kann!« So appetitlich eine Auster aussieht, die in bartlosem Zustande in ihrer Schale serviert wird, so unappetitlich könnte aber doch schließlich in der Küche verfahren worden sein, um die Auster von ihrem Bart zu trennen. Aus diesem Grunde ziehen es viele vor, die Auster in der im Allgemeinen auch üblichen Weise serviert zu bekommen, nämlich noch zusammenhängend mit ihrem für das Auge unschönen Anhängsel, dem sogenannten Austernbart. Mit der besonderen Austerngabel, deren eine Zinke breiter und zum Schneiden eingerichtet ist, trennt man den Bart vom essbaren Teil der Auster, führt diesen letzteren mit der Gabel zum Munde und schlürft dann, aber möglichst lautlos, die in der Austernschale befindliche Flüssigkeit, indem man die Austernschale direkt an die Unterlippe lose ansetzt. Wenn auch die Austernschale unschön aussieht, so gelten doch eben selbst lose sandartige oder faserige Teilchen an der Außenseite der Schale, von denen der Mund beim Ansetzen der Schale manchmal berührt wird, nicht für ekelhaft; dazu hat die Auster eine viel zu poetische und herrliche Heimat. Dem Himmel sei's gedankt, allerdings, dass man nicht alles zu essen braucht, was aus derselben Heimat, aus dem »Ewigen Meer« stammt; für Manchen ist sogar die Auster etwas Unappetitliches und auch der Liebhaber, der sie fast schon beim bloßen Anblick im Geiste vertilgt, dürfte zugeben, dass der Anblick dieses quabbligen, schleimigen Etwas entschieden ästhetisch unschön ist. Wem dies Gericht unsympathisch ist, soll das bisschen Mut haben, zu erklären, dass er die Austern nicht zu würdigen versteht und sie, z. B. bei einem Diner, wenn ich grade neben ihm sitze, mir anbieten. Ich verpflichte mich hierdurch, ihm gefällig zu sein. Es ist ein Jammer, wenn jemand anderen Menschen die Austern wegisst, nur weil er sich schämt zu bekennen, betreffs der Auster kein gourmand oder gourmet zu sein. Der Ausdruck gourmet ist noch »erstklassiger« als gourmand für das biedere deutsche Wort »Leckermaul«. Eigentlich bedeuten die zwei Worte naturgemäß auch zweierlei, Immanuel Kant oder Arthur Schopenhauer würden diese beiden Ausdrücke wohl auf andere Weise erklärt haben, aber vielleicht auch zugeben, dass die Anführung folgender Beispiele aus der materiellen Neigung eines gourmand und eines gourmet geeignet ist, die Begriffe richtig zu erfassen: Ein gourmand wird für gut zubereiteten Schweinebraten schwärmen, ein gourmet für guten, also grauen und großkörnigen Kaviar. Der gourmand wird absichtlich von seinem guten Schweinebraten auch viel vertilgen, der gourmet wird bedeutend mehr auf die Qualität achten und höchstens, ganz unwillkürlich, aus Versehen viel grauen und großkörnigen Kaviar essen. Aber, zurück zur Auster und zur Art und Weise, wie man sie noch essen darf, ohne auch nur im Geringsten seinem Rufe vornehmer Manieren zu schaden. Für wen dies Letztere gleichgültig ist und wer gute Zähne hat, der darf auch die Austernschale mitessen.

Als Gesellschaftsmensch darf man die Auster auch in der Schale lassen und sie, nach vorheriger Trennung vom Bart, direkt zum Munde führen, indem man die Austernschale an die Unterlippe

Ein Gourmand wird für gut zubereiteten Schweinebraten schwärmen, ein Gourmet für guten, also grauen und grobkörnigen Kaviar.

ansetzt und so durch Kippen der Schale die Auster samt der – je nach Geschmack – mit Zitronensaft vermischten Flüssigkeit hinter das Gehege der Zähne in den Mund hinein gleiten lässt. Manche verzehren auch den Austernbart mit; eine »erdrückende« Majorität aber verabscheut ihn; und wer sicher gehen will, bei Hineinschieben der Auster in den Mund den Austernbart nicht auch einzuschlürfen, der entfernt ihn eben vorher mit dem Austernmesser aus der Schale, bevor er diese an den Mund ansetzt.

Ich habe schon einige Male, wie von Wunderkindern, von Menschen erzählen hören, die Krebse nicht mit den Fingern berühren; gesehen habe ich solche noch nicht. Es ist hier die Rede vom ungefährlichen Essen toter Krebse, nicht vom gefährlichen Fangen lebendiger. Allgemein bedient man sich zum Essen der Krebse neben dem Krebsmesser vor allem seiner Finger. Man bricht den Krebs mit den Fingern aus dem vorderen Panzer, der sogenannten Krebsnase, heraus, führt den Schwanz mit den Eingeweiden zum Munde, um das Innere und den Saft auszusaugen. Dann wird der Schwanz mit dem Messer von seiner Schale befreit und gegessen. Die Gewohnheits-Krebsesser verschmähen, außer bei großen Krebsen, den sogenannten Solokrebsen, vielfach die Scheren, da deren Bearbeitung zu lange aufhält; andere wieder tadeln diese Bequemlichkeit, da der Inhalt der Scheren besonders »schmackhaft« wäre. Da der Krebssaft Flecke hinterlässt, so gibt man zum Krebsessen besondere, und zwar kleine bunte Krebsservietten. Aus eben diesem Grunde ist es für reinliche Menschen sehr angenehm, zum Krebsessen auch Fingerschalen mit lauem Wasser zu bekommen. Da liebenswürdige Wirte bis zur Überzeugung vom Gegenteil in ihren Gästen doch auch Reinlichkeitsdrang vermuten sollten, so wäre eine noch weitere Verbreitung der Sitte, zum Krebsessen Fingernäpfe darzureichen, sehr erfreulich.

Wer in seinen äußeren Manieren vornehm sein will, der

befleißige sich auch möglichster Geräuschlosigkeit beim
Schlürfen der Auster und des Krebssaftes, wie überhaupt beim
Essen und Trinken. Nachdem
man einen Schluck Wein in den
Mund genommen hat, durch
Gurgeltöne und unter gleichzei-
tigem Aufstecken einer halb
wichtigen, halb begeisterten
Miene das Verständnis für die

*Allgemein bedient man
sich zum Essen der Krebse
neben dem Krebsmesser vor
allem seiner Finger.*

Güte des Weines dartun zu wollen, eine solche geräuschvolle
Lobesbekundung verstößt ebenfalls gegen den guten oder –
milder gesagt – gegen den besten Ton.

Messerhelden. Gemüse Essen

Jemand, der Wert auf gute äußere Formen legt, wird auch
für die verschiedenen Etikette-Vorschriften eine Begründung
oder wenigstens Erklärung haben wollen. Bei Beantwortung
der einzelnen Anfragen aus dem Leserkreise will ich deshalb
hierauf besonders Rücksicht nehmen.

Anfrage: »Wie isst man Gemüse? Mit dem Messer soll
man überhaupt nichts zum Munde führen! Aber es ist doch
ein Unsinn, wenn Jemand sagt, es sei unanständig, Gemüse
mit dem Messer überhaupt zu berühren?« – Zunächst halte

ich es für äußerst schroff, zu sagen: »Dies oder Jenes ist unanständig«, nur weil es nicht gerade diejenige Art des Benehmens ist, welche für die vornehmste gilt. Das Messer zum
Munde zu führen ist allerdings bei Etikette-Menschen verpönt; es verbietet sich auch aus Vernunftgründen. Das Messer
soll, um seinem erhabenen Berufe, dem Schneiden, zu entsprechen, scharf sein, mit einem scharfen Messer aber kann
man sich leicht in den Mund schneiden. Ein Witzbold hat
deshalb für Leute, die mit dem Messer essen, die Bezeichnung
»Messerhelden« oder auch »Fakire«, d. h. die »Unverwund-
baren«, erfunden. Auch hörte ich einmal von Jemandem, der
Formenkenntnis und Witz dokumentieren wollte, in Bezug
auf einen biederen Messer-Esser die Schiller'schen Verse aus
dem Kampfe mit dem Drachen zitieren: »Nachbohrend bis
ans Heft den Stahl.« Annähernd so gefährliche Folgen wie bei
jenem Drachenkampfe von dunnemals wird es ja – Gott sei
Dank – nie haben, wenn Jemand den Stahl, nämlich den des
Messers selbst, in den Mund führt. Das Messer – wenigstens
sein Hauptbestandteil – ist im Allgemeinen doch aus Stahl.
Man behauptet nun, das Gemüse nehme durch das bloße Berühren mit Stahl einen etwas unangenehmen Geschmack an,
namentlich die Kartoffel. Wer also eine derartig zart besaitete
Zunge hat, der wird das Messer (jedenfalls das Stahlmesser)
von der Berührung mit der Kartoffel und anderem Gemüse
fernhalten. Wer hingegen eine weniger hochvornehme Zunge

besitzt, für den fällt der Hauptgrund fort, weshalb man das Gemüse, z. B. beim Hinaufschieben auf die Gabel, nicht mit dem Messer berühren soll; und ich kenne viele Menschen, welche sich an diese Etikettenregel nicht kehren, und die gleichwohl Anspruch, und zwar auch von ihrer Umgebung anerkannten Anspruch, darauf erheben, als Kenner der Formen zu gelten. Die Kartoffel nicht mit dem Messer, sondern mit der Gabel zu zerteilen, dafür dürfte ein natürlicher Grund der sein, dass dies ein Zeichen für die Güte der Kartoffel ist; denn nur wenn sie schlecht und hart ist, wird man sich der Messerschneide zum Zerteilen bedienen müssen. Beim Obst zum Beispiel ist die nachteilige Einwirkung

Zuchthaus, Gefängnis oder überhaupt irgend eine Strafe steht nicht darauf, wenn man es tut.

des Messer-Stahles sowohl äußerlich als auch im Geschmack mehr zu erkennen; es ist deshalb mehr Grund vorhanden, Stahl vom Obst als vom Gemüse fernzuhalten.

Anfrage: »Darf man Gemüse mit dem Löffel essen?« – Zuchthaus, Gefängnis oder überhaupt irgend eine Strafe steht nicht darauf, wenn man es tut; trotzdem wird man Gemüse nur mit der Gabel essen, wenn man in dem Urteil der Etikette-Menschen möglichst günstig dastehen will. Ein praktischer Grund hierfür ist, dass die Gabel handlicher ist als der Löffel, da ich mit der Gabel den Bissen auch durch Anstechen vom

Teller heben kann. Allerdings, wenn ich die Soße, oder gut deutsch gesagt »Tunke« auflöffeln will, dann muss ich mich eben des Löffels bedienen auf die Gefahr hin, von meiner Umgebung im Fache »guter Ton« nicht die allerbeste Zensur zu erhalten.

Beladene Teller

Eine Unsitte, die man leider noch viel zu oft beobachten kann, ist es, seinen eigenen oder seiner Dame Teller bis an den Rand zu beladen. Man nimmt nur so viel auf den Teller, wie man mit Sicherheit glaubt, aufessen zu können, und versorgt auch seine Dame in diesem Sinne. Wie bei der Tätigkeit des Essens selbst, so achte man auch beim Auftun der Speisen auf den Teller sorgfältig darauf, dass der lediglich zum Anfassen bestimmte Tellerrand frei bleibt, zumal wenn man noch nicht in Amerika Oberkellner studiert hat und mehrere beladene Teller vom Büffet bis auf seinen Platz zu transportieren hat. Was für den Magen bestimmt ist, und sich bei diesem Transport aufs Parquet, auf die eigene Kleidung oder diejenige der leidenden Mitwelt verirrt, dürfte seinen Zweck gänzlich verfehlt haben. Auch Gläser fülle man nie bis dicht an den Rand voll, selbst wenn man weder an Veitstanz leidet, noch auch an dessen Vetter, dem unseligen Tatterich!

Eine Zuschrift veranlasst mich, nochmals auf das materielle Thema »Büffet« einzugehen. Durchaus zutreffend ist folgende Bemerkung: »Am Büffet die Essteller übermäßig mit Speisen zu beladen ist nicht nur unästhetisch, sondern es ist einfach eine die Gastgeber schädigende Verschwendung, wenn ein Gast sich mehr auf seinen Teller auftut, als er zu essen vermag.« Die Einsenderin dieser Zeilen – oder,

Auch Gläser fülle man nie bis dicht an den Rand voll, selbst wenn man weder an Veitstanz leidet, noch auch an dessen Vetter, dem unseligen Tatterich!

nach der Handschrift zu urteilen, vielleicht auch der Einsender – hat mit »eine sparsame Hausfrau« unterschrieben. Ich finde, dass man noch gar nicht einmal positiv sparsam zu sein braucht, wenn man einer absolut zwecklosen Verschwendung abhold ist. Wenn eine Dame bei einem solchen Büffet von ihrem Herrn mit einer Portion bedacht wird, die schon für einen Gardekürassier nach schwerer Felddienstübung reichlich bemessen wäre, sollte sie ihren Herrn erziehen und um einen leeren Teller bitten, um sich von dem übervollen Teller einen ihrem Appetit entsprechenden Teil herunternehmen zu können. Die verehrten Gäste brauchen die Teller nicht abzukratzen, aber nach geschlagener Büffet-Schlacht mit großen Überresten beladene, überall herumstehende Teller gewähren auch für nicht sparsam veranlagte Naturen einen unschönen

Anblick. Auch das Aussehen des Tischtuches der eigentlichen Büffettafel und der darauf stehenden ganz oder teilweise entleerten Schüsseln p. p. berechtigen kritische Beobachter zur Kritik über die guten oder »noch besseren« Manieren der sehr verehrlichen Gäste. Wenn die Dame des Hauses nach dem Essen ihr Büffet kopfschüttelnd betrachtet, so hegt sie sicher im Busen den Gedanken: »Die haben aber übel gehaust.«

Zum Thema »Entnehmen von Speisen« möchte ich noch Folgendes erwähnen. Mancher, der sich hierbei sonst recht manierlich zu benehmen versteht, macht bei Butter und Käse eine verdammenswerte Ausnahme, verdammenswert vom Standpunkt des Muster-Etikettenmenschen. Es ist ja immerhin löblicher, sich diese Haustier-Produkte auf den äußersten Rand eines Porzellantellers zu streichen, als meinetwegen den Käse auf den Handteller und die Butter auf den Mittelfinger der linken Hand – übrigens ist dieses Verfahren mangels anderer Aufnahmeflächen in Hungersgefahr vielleicht sogar empfehlenswert –, ein Matador in Manieren und speziell in Essmanieren nimmt sich aber Butter und Käse auf den allein zur Aufnahme von Speise bestimmten waagrechten Hauptteil des Tellers und streicht nichts Essbares auf den Rand des Tellers. Wer sich bemüht, beim Auftun von Speise und beim Essen selbst den Tellerrand frei und rein zu erhalten, der hat in diesem Tellerrand zwischen dem Tellerboden und dem

Tischtuch ein neutrales Gebiet, auf das sich zur Not Speiseteilchen flüchten können, bevor sie über Bord gehen und das Tischtuch verunzieren. Wer nun behauptet, schon sehr vornehme Menschen gesehen zu haben, die sich Butter und das ihr verwandte duftende Etwas auf den Tellerrand streichen, dem ist einfach zu entgegnen: Diesen sehr vor-

Nicht wer unanständig isst, sondern höchstens wer unanständig ist, den darf man verdammen.

nehmen Menschen ist eben die Möglichkeit geboten, sich in diesem einen − wenn auch verhältnismäßig unwichtigen − Punkte noch vornehmer zu benehmen. Der Tellerrand muss sauber bleiben; jedenfalls fassen ihn in diesem Zustande saubere dienstbare Geister beim Wegnehmen der Teller lieber an. Sogar von Fischgräten und Kartoffelschalen wird man den Tellerrand tunlichst freizuhalten suchen, wenn man eben Wert darauf legt, sich bei Tisch möglichst »erstklassig« zu benehmen. Wem dies nicht erstrebenswert erscheint, ist natürlich keineswegs für Zeit und Ewigkeit verloren. Gute äußere Formen zu beherrschen und zu beachten, ist entschieden lobenswert, aber doch nicht das Wichtigste im Leben; und eben deshalb ist es unbillig und engherzig, wenn routinierte Formenmenschen die hierin weniger Bewanderten streng verurteilen. Nicht wer unanständig isst, sondern höchstens wer unanständig ist, den darf man verdammen.

Begleitung von Damen

Mit der Dame am Arm durch die Türe

Anfrage: »Wenn ich eine Dame am Arme habe und durch eine Tür gehen muss, lasse ich die Dame los, oder behalte ich sie am Arme?« – Das hängt ganz von den äußeren Umständen ab. Ist der Durchgang eng, oder hat der Herr eine Tür zu öffnen, so wird er die Dame vor dem Durchgang los lassen, hinter ihr – Achtung! Schleppe! – den Durchgang passieren und ihr dann wieder seinen Arm bieten. Hat der Herr hierbei eine Tür zu öffnen, so wird er die Tür nötigenfalls beim Hindurchgehen der Dame halten und zu diesem Zweck, wenn die Tür nach innen zu öffnen geht, sogar vor der Dame den Durchgang passieren, um die Tür von innen so lange aufhalten zu können, bis die Dame gefolgt ist. Der Grundsatz, der Dame den Vorrang und speziell den Vortritt zu lassen, ist durchaus nicht immer zu beobachten. Oft wird es praktisch sein, als Herr voranzugehen, wenn dies für die Dame – wie beim Passieren großer Menschenmengen – bequem und angenehmer ist. Auch im Dunkeln oder in überfüllten Räumen wird der Herr oft voran gehen, wenn es gilt, seiner Dame den Weg zu bahnen, und lieber sich selbst als die durch seinen Rücken gedeckte Dame etwaigen Kollisionen aussetzen. In solchen Fällen wird es höflich sein, falls der Vortritt des Herrn nicht ganz zweifellos geboten scheint, die Dame zu bitten, in ihrem Interesse »aus diesen oder jenen Gründen« ihr vorangehen zu dürfen.

Ist ein Durchgang breit genug, so werde ich die Dame am Arme behalten und in gleicher Höhe mit ihr hindurchgehen. Wenn ein Herr seine Dame nicht loslässt und nur, mit der Dame am Arme, durch Seitwärtsdrehung seines Körpers einen Durchgang passieren kann, so ist es ein von mir oft wahrgenommener Etikettenfehler, wenn der Herr, sich hinter seiner Dame haltend, gleichsam von ihr sich durch den Durchgang hindurchziehen lässt, nur weil die Dame ja den Vorrang haben müsse. Dies sogenannte Schema »F« ist in diesem Falle ein Verstoß gegen den guten Ton. Der Herr soll doch die Dame führen, der Führer geht aber voran; auch gerät die eventuelle Schleppe der Dame in Gefahr, wenn der Herr seiner Dame ohne Abstand folgt, wie dies beim Gehen Arm in Arm doch geschehen würde. Also, Herr der Schöpfung, benütze die Gelegenheit, wo es Dir die Etikette befiehlt, den Vorrang zu haben; gehe voran, wenn Du Deine Dame am Arme behältst.

Also, Herr der Schöpfung, benütze die Gelegenheit, wo es Dir die Etikette befiehlt, den Vorrang zu haben.

Es sieht auch entschieden ungeschickt und unschön aus, wenn sich der Herr von seiner Dame leiten lässt, anstatt umgekehrt.

Führen von zwei Damen

Eine Anfrage lautet: »Wie verhält man sich, wenn man zwei Damen zu Tisch zu führen hat?« Wenn ein Herr nach eigener Wahl, wie dies meist bei Büffets der Fall ist, zu Tisch engagiert und bemerkt, dass die Damen in der Überzahl sind, so wird er sich als aufmerksamer Salon-Mensch erweisen, wenn er zwei zu ihm an Alter und Würde passende Damen auffordert, der älteren und angeseheneren Dame seinen rechten und der anderen den linken Arm bietet. Sind beide Damen so jung oder so alt, dass es schwer zu entscheiden ist, welche die noch jüngere beziehungsweise die noch ältere ist, oder scheinen ihm beide Damen eben gesellschaftlich gleichwertig, so wird er betreffs der hochwichtigen Frage, wen er seines rechten und wen er seines minder angesehenen linken Armes würdigt, entweder den Zufall oder irgendwelche Rücksichten entscheiden lassen, z. B. die Rücksicht darauf, wen von beiden Damen er lieber heiraten möchte. Auch diese Frage kann ihm allerdings − natürlich in einem für die Damen vorteilhaften Sinne − großes Kopfzerbrechen verursachen. Wenn das Dreigespann nun Engen zu passieren hat, durch geöffnete Türen lavieren muss, so wird man eingehakt bleiben, wenn man eben den nötigen Platz dazu hat. Anderenfalls aber wird der Herr die Damen seinen Armen langsam entgleiten lassen, hinter ihnen das Defilee durchschreiten und ihnen dann wieder seine Arme anbieten. Ein schlangenartiges Hindurchwinden eines solchen Dreibundes durch

Ein schlangenartiges Hindurchwinden eines solchen Dreibundes durch eine Tür im Gänsemarsch und in eingehaktem Zustande sieht unschön aus und ist entschieden zu vermeiden.

eine Tür im Gänsemarsch und in eingehaktem Zustande sieht unschön aus und ist entschieden zu vermeiden. Der Herr soll der Führer der Damen sein und darf sich nicht von ihnen bugsieren lassen. Wenn die Damen zu Tisch durch den Gastgeber an die Herren verteilt werden und ein Herr zwei Damen zu führen hat, so achte er darauf, dass er die ihm links angetraute, die morganatische Nachbarin nicht vernachlässige.

Nachtrag

Zum Schlussthema meiner letzten Plauderei – Verhalten eines Herrn, der zwei Damen zu Tisch zu führen hat – empfiehlt eine launige Äußerung aus dem Leserkreise, ein Junggeselle nehme beim Führen zweier Damen gerade diejenige, die er lieber heiraten möchte, auf seine minderwertige linke Seite, das Verfahren sei mehr geeignet, diese Dame für den Herrn zu interessieren, namentlich, wenn sie durch Bevorzugung seitens anderer Herren besonders verwöhnt ist. Das mag ja unter Umständen besonders diplomatisch sein, aber bekanntlich kommt es hierbei, wie in der wirklichen Diplomatie, auf den Erfolg an, und den Erfolg hat jedenfalls allein der Ehemann für sich, der nicht nur verheiratet, sondern auch glücklich verheiratet ist.

Weitere Abweichungen

Bekanntlich befiehlt der gute Ton oft Abweichungen von dem Schema, dass der Dame immer der Vortritt gebührt. Bereits früher erwähnte ich als eine solche Abweichung, dass der Herr einer Dame stets vorangehen wird, wenn er ihr, also z. B. bei Menschenanhäufungen oder in vollen Räumen, Bahn brechen muss und ein bequemes, unbelästigtes Hindurchkommen ermöglichen will. Auch beim Hinaufsteigen auf einer schmalen Treppe, z. B. beim Besteigen eines Turmes, würde es die Dame oft genieren, wenn der Herr ihr nicht vorangehen, sondern folgen wollte. Wenn Herr und Dame nicht nebeneinander gehen können, wird auch wegen der Schleppe der Herr die

Stufen hinauf wie herunter am besten vorangehen. Beim Hinuntersteigen auf einer steilen oder dunklen Treppe hat die Dame auch an dem vorangehenden Herrn nötigenfalls eine Stütze. Für das Hinausgehen allerdings würde es aus diesem letzten Grunde sich manchmal empfehlen, dass der Herr der Dame folgt.

Wahres Taktgefühl wird in jeder Lage das Richtige zu finden wissen.

Es kommt eben ganz auf die Umstände an. Wenn beim Verlassen eines Turmes irgendeine komplizierte Falltür zu schließen ist, so wird die Stufen hinunter, eben aus diesem Grunde, der Herr zuletzt gehen müssen. Wahres Taktgefühl wird in jeder Lage das Richtige zu finden wissen; oft wird es sich empfehlen, seiner Dame kurz den Grund anzugeben, wenn man es für richtig hält, als Herr voranzugehen.

Besteigen eines Wagens

Wenn ein Herr und eine Dame einen Wagen besteigen, so wird im allgemeinen der Herr den Wagenschlag öffnen, der Dame beim Einsteigen behilflich sein und dann nach ihr den Wagen besteigen. Da der rechte Platz der Ehrenplatz ist, und der Herr sich gewöhnlich auf die linke Seite der Dame setzen wird, so ist die Sache sehr einfach, wenn man den Wagen von der linken Seite her besteigen kann. Hält der Wagen aber so, dass die Dame ihn von rechts besteigen muss, so wird der Muster-Etikettenmensch der Dame zunächst beim Einsteigen helfen und ihr eventuell dabei sagen: »Bitte, bleiben Sie rechts sitzen, meine Gnädigste, ich werde von links einsteigen!« So überhaupt sitzen zu bleiben, dünkt mancher Dame hart, aber auf dem Ehrenplatz »rechts« sitzen zu bleiben, ist etwas anderes und ihr gutes Recht als Dame. Sodann wird der gedachte und in vielen wirklichen Exemplaren auch existierende Etikettenmensch um den Wagen herumgehen, von links einsteigen und sich auf die linke Seite der Dame setzen. Der Kutscher ist unter Umständen bei diesem etwas komplizierten, aber durchaus stilgerechten Verfahren auch vorher zu avertieren, dass er nicht, namentlich beim Zuschlagen der rechten Wagentür, die Dame entführt, bevor der Herr, nach seinem Spaziergang um den hinteren Teil des Wagens herum, glücklich seinen Platz links neben der Dame eingenommen hat. Sind Ort und Zeit zur Entfaltung dieses immerhin etwas umständlichen Zeremoniells nicht geeignet – z. B. auf einer belebten Berliner Straße, oder wenn man es sehr eilig hat –, so wird man es als Formenmensch doch immer zu vermeiden suchen, sich in einem engen Wagenraum bei der Dame vorbei zu zwängen, um auf ihre linke Seite zu gelangen. Müssen Herr und Dame, beide, von rechts einsteigen, so wird in solchem Falle der Herr gewöhnlich lieber zuerst einsteigen und dann der nachsteigenden Dame vom Wagen herab, von oben her, behilflich sein. Dies wird stets geschehen, wenn ein Diener oder überhaupt ein dritter Jemand bereit ist, der Dame beim Einsteigen behilflich zu sein. Bedarf die Dame einer nicht nur höflich markierten, sondern auch tatkräftigen Hilfeleistung seitens ihres Begleiters beim Einsteigen, so wird eben der Herr unter Umständen ausnahmsweise nach der Dame ebenfalls von rechts den Wagen besteigen und entweder sich im Wagenraum an der Dame vorbei an deren linke Seite drängen müssen oder auf der rechten Seite der Dame Platz nehmen müssen. Es soll ja im Menschenleben noch größeres Unglück geben, als diese Abweichung vom Etikettenschema.

Es soll ja im Menschenleben noch größeres Unglück geben, als diese Abweichung vom Etikettenschema.

Aufs Pferd helfen

Außer dem Schuhmacher, beim Maßnehmen usw., kommt auch der Gentleman in die Lage, den Fuß einer Dame berühren zu müssen, wenn er ihr den üblichen Ritterdienst erweist, ihr aufs Pferd zu helfen. Diese Dienstleistung hat folgendermaßen vor sich zu gehen. Die Dame nimmt die Zügel in die rechte Hand und hält sich außerdem mit der rechten Hand am Sattel fest, die linke Hand stützt sie auf die Schulter des in gebückter Haltung vor ihr stehenden Herrn. Die Dame setzt den linken Fuß in die gefalteten und mit den inneren Handflächen nach oben gehaltenen Hände des Herrn. Der Herr zählt, sobald die Dame zum Absprunge bereit ist, bis auf drei und hebt auf dieses »drei!« die Dame in der beschriebenen Weise mit einem sogenannten Wuppdich empor und streift ihr noch, sobald sie auf dem Pferde Platz genommen hat, den Steigbügel über den linken Fuß. Nur wenn der Gentleman die nötige Gewandtheit zu solchem Ritterdienste hat, wird er ihn der Dame leisten, während ein dienstbarer Geist vor dem Pferde dasselbe hält. Sonst ist es natürlich angezeigt, Stallknecht und Gentleman vertauschen die beschriebenen Funktionen beim Aufsitzen der Dame, ehe dies durch die Schuld des Herrn misslingt.

Begleitung zu Fuße

Wie bereits beim Thema »Besteigen des Wagens« erwähnt, gilt der rechte Platz als der Ehrenplatz; der höfliche Mann wird also auch zu Fuß im allgemeinen links neben der Dame, oder links neben einem Herren, den er ehren zu müssen glaubt, einhergehen. Es ist vornehmer, wenn solche äußeren Höflichkeiten mit möglichst geringer Umständlichkeit ins

Werk gesetzt werden und als etwas Selbstverständliches auch glatt und kaum bemerkbar von statten gehen. Man begebe sich als Herr mit vornehmer Ruhe, nicht sprungartig und hastig, auf die linke Seite einer Dame oder eines Herrn, den man seines Alters oder seiner sozialen Stellung wegen ehren will. Das Führen der Dame – Arm in Arm – auf der Straße geschieht jetzt meist so, dass der Herr in den Arm der Dame einhakt, sich also auf der Straße – entgegen der ursprünglichen Sitte – von der Dame eigentlich führen lässt. Es ist ein Irrtum, wenn man meint, diese Mode sei nur aufgekommen, weil man eben etwas Apartes, von der alten biederen Sitte Abweichendes haben wollte. Es ist tatsächlich eine Annehmlichkeit für die Dame, namentlich wenn sie ihr Kleid, der Schleppe wegen, mit der linken Hand anheben muss, dass der Herr, den Arm krümmend, einhakt und die Dame den Arm gestreckt halten kann.

Übrigens, wenn irgendwelcher äußeren Umstände wegen beim Wandern »zu Zweien im Maien« oder in jedem anderen Monat der rechte Platz der entschieden unbequemere ist – z. B. wenn wenig Platz ist, und der Weg auf der rechten Seite schlecht ist oder steil abfällt, oder auch in Österreich, wo man nach links ausweicht, bei großem Gedränge – so wird der gewandte, ritterlich fühlende Mann seine Dame ganz selbstverständlich auf seiner linken Seite, also abweichend vom Höflichkeits-Schema, gehen lassen.

Wie »bei's Zivil«, so ist es auch für Offiziere Sitte, mit der linken Hand zu grüßen, wenn sie am rechten Arm eine Dame führen, und zwar auch Vorgesetzten gegenüber. Also der jüngste Leutnant, der seine Mutter am Arm führt, grüßt den kommandierenden General mit der linken Hand, ohne seine Mutter vom rechten Arm los zu lassen. Nicht nur die Mutter, sondern auch die jüngste Dame gilt für den Offizier in dieser Hinsicht im Vergleich zum ältesten General als der höhere Vorgesetzte, natürlich nur außer Dienst; denn im Dienst führt der Offizier keine Dame am Arm. Eine Ausnahme von dieser ritterlichen Etiketten-Vorschrift – schon des dann nötigen Frontmachens wegen – besteht für den deutschen Offizier, wenn er ein Mitglied des deutschen Kaiserhauses oder des Herrscherhauses seines engeren deutschen Vaterlandes trifft. Dann hat der Offizier die Dame an seinem Arm selbstverständlich vor Ausübung der Ehrenbezeugung loszulassen.

Bitte um den Tanz

Früher erwähnte ich, dass wir Herren auf Tanzfesten, abgesehen von wenigen Pflichttänzen, den Vorteil haben, nur tanzen zu brauchen, wann und mit wem es uns passt. Diese Annehmlichkeit sollte uns nachsichtig stimmen gegen eine

Dame, die, zum Tanz – nicht zum Bunde fürs Leben – aufgefordert, uns einen Korb gibt. Meist geschieht dies unter der Begründung, »nicht soviel tanzen zu wollen oder zu dürfen!« Ich bemerkte oft, dass dann der Herr verlegen wurde oder den Verletzten spielte, mit Argusaugen aufpasste und noch ingrimmiger wurde, wenn er die Dame später mit einem Anderen tanzen sah. Da der Herr die Dame um einen Tanz bittet und ihn nicht von ihr fordert, so muss er doch auch den Fall gelten lassen, dass die Dame ihm die Bitte, mit ihm zu tanzen, abschlägt.

Ich finde eine solche Gereiztheit des Herrn unbillig und auch dann zum Mindesten kleinlich, wenn die Dame nur einen Vorwand bei ihrer Weigerung gebrauchte. Stolzer ist doch dann der Standpunkt, sich zu sagen: Mit einer Dame, der ich nicht sympathisch bin, habe ich gar nicht

Sogar durch eine direkte Taktlosigkeit eines Anderen sollte der Betroffene sich mehr belästigt als beleidigt fühlen und diese Taktlosigkeit mehr als eine Blamage für seinen Gegner ansehen; ein überlegenes, mitleidsvolles Lächeln wirkt hierbei oft mehr als heftige Worte, die noch dazu für die höchstiegenen Nerven unzuträglich sind.

das Verlangen zu tanzen, durch meine Abweisung erweist sie nicht nur sich, sondern auch mir selbst einen Gefallen. Das

Verhalten Anderer immer so auszulegen, dass man sich nur ja möglichst gekränkt und verletzt fühlen kann, ist eine unglückselige und höchst unpraktische Manie und ein Zeichen von geringem Selbstbewusstsein. Sogar durch eine direkte Taktlosigkeit eines Anderen sollte der Betroffene sich mehr belästigt als beleidigt fühlen und diese Taktlosigkeit mehr als eine Blamage für seinen Gegner ansehen; ein überlegenes, mitleidsvolles Lächeln wirkt hierbei oft mehr als heftige Worte, die noch dazu für die höchsteigenen Nerven unzuträglich sind. Es geht nichts über »Wurschtigkeit« zu rechter Zeit am rechten Ort. Dies urwüchsige Wort ist übrigens nicht etikettenwidrig; Bismarck hat es gebraucht, Bismarck, der größte Staats- und Lebensdiplomat, und Diplomaten sagen nichts Etikettenwidriges.

Ein Mann soll sich nicht so leicht verletzt fühlen, die Dame aber soll sich bemühen, ihm überhaupt keine Gelegenheit hierzu zu geben; denn unsere noch geltenden ritterlichen Anschauungen gestatten dem Herrn in der vornehmen Welt nur einen passiven Widerstand gegenüber der Kränkung seitens einer Dame.

Die Prinzessinnen souveräner Fürstenhäuser kommen nicht in die Verlegenheit, einem Herrn den erbetenen Tanz zu verweigern, denn sie suchen sich einfach ihre Tänzer selbst aus. Da tritt ein Kammerherr oder sonstiger Abgesandter an den begünstigten Gardeleutnant heran mit den Worten: »Ihre

Königliche Hoheit, die Prinzessin X., haben die Gnade, Sie zum Tanz zu befehlen!« – Weshalb gibt man nun nicht allen Damen, entsprechend unseren sonstigen Sitten der Verhätschelung der Damen, auch dies Vorrecht, sich ihre Tänzer selbst zu wählen? Der Grund ist sicher der, dass die Dame eben ihre Neigung nicht so zeigen darf wie der Herr, sie darf nicht werben, sondern soll sich werben lassen. Eine königliche Prinzessin aber steht nach der Hofrangordnung so hoch über ihrem Tänzer, dass seine Kommandierung zum Tanz eben nur als ein Zeichen gnädigen Wohlwollens betrachtet wird.

Junge Damen ohne Begleitung

»Ziemt es sich für zwei junge Damen, abends ohne männlichen Begleiter ins Theater zu gehen? Falls sich das nicht ziemt, wie sollen junge Damen dann ins Theater gehen, wenn sie keine männlichen Freunde haben?«

Es ist der Etikette nicht zuwider, wenn zwei junge Damen ohne Begleitung ins Theater gehen. Besser wäre es freilich, wenn sie einen Dienstboten bis an den Eingang des Theaters mitnehmen könnten und auch von dort nach Schluss der Vorstellung abgeholt würden. Übrigens soll die Etikette keine Kette, keine bindende Sklavenkette sein. Wäre ich eine, nur eine einzige junge Dame – im Gegensatz zum Wortlaut der Anfrage –, und fände ich keine Begleiterin, so würde ich eben allein ins Theater gehen.

Übrigens soll die Etikette keine Kette, keine bindende Sklavenkette sein.

Ich würde dann auch bei gutem Wetter aus Versehen einen Regenschirm mitnehmen und seine Verwendbarkeit als Waffe bei etwaigen Belästigungen feststellen. Ein noch besseres Mittel gegen Belästigungen sind unauffällige Kleidung und noch mehr unauffälliges Benehmen. *Ultima ratio* ist unsere Schutzmannschaft und das Publikum. Letzteres ist natürlich um so hilfsbereiter, je mehr Hilfe eine Dame durch ihr Benehmen und ihre Kleidung zu verdienen scheint. Eine Dame, im vornehmsten Sinne des Wortes, wird sich allerdings nie auffällig benehmen.

Bezahlen für die Dame

Anfrage: »In einer amerikanischen Zeitung las ich eine Frage aus dem Leserkreise, die auf Deutsch wörtlich also lautet: ›Sagen Sie mir doch, bitte, ob eine Dame einem Herrn, mit dem sie einen kurzen, aber kostspieligen Ausflug macht, erlauben sollte, dass er alle Kosten bezahlt, auch wenn sie nicht mit ihm verlobt ist?‹ – Die amerikanische Zeitung gibt hierauf folgenden Bescheid: ›Wenn die Dame mit dem Herrn befreundet ist und seine Einladung zu dem Ausflug angenommen hat, kann sie die Kosten nicht bezahlen, einerlei, ob sie groß oder klein sind. Sie braucht nur die Einladung abzulehnen, wenn sie sich keine Verbindlichkeiten aufladen will.‹«

In Amerika, im Lande der Freiheit, ist man auch in Etikettefragen in vieler Hinsicht freier, z. B. im Verkehr zwischen Herren und Damen auch in den vornehmsten Kreisen, ohne dass dadurch das Ansehen der Dame auch nur im Entferntesten litte. In Amerika darf ein Herr mit einer Dame allein einen Ausflug unternehmen. Es ist dies entschieden verständig und praktisch; es ist doch z. B. einem Heiratskandidaten dadurch Gelegenheit gewährt, eine Dame besser kennen zu lernen, als dies

Das einfachste und natürlichste Benehmen ist auch das Vornehmste und vom Standpunkt der Etikette aus das Richtigste.

im Ballsaal oder in der Gesellschaft möglich ist. Nur dem Sport verdanken wir es, dass auch bei uns in Deutschland diese engherzige zimperliche Verkehrsscheu zwischen Herren und Damen im Abnehmen begriffen ist. Zum Beispiel auf dem Lawn-Tennis-Platz und auf der Eisbahn kommen auch bei uns unverheiratete Herren und Damen ungeniert zusammen trotz der vielen Bedenken der verschiedenen »Eulalia« und »Aurelia« und wie sie sonst noch heißen mögen, und bei den guten Tanten schwinden alle Bedenken, wenn sie sehen, welch' günstigen Einfluss sportliche Übungen auf die Jugend ausüben − sei es nun trotz oder sei es gerade wegen des Verkehrs der Nichten mit den »bösen, bösen Männern«.

Die in der amerikanischen Zeitung ausgesprochene Ansicht, die Dame soll die Einladung eines Herrn zu einem Ausfluge ganz ablehnen oder aber dulden, dass der Herr für sie bezahlt, diese Ansicht teile ich durchaus nicht. Man darf mit Höflichkeiten und Liebenswürdigkeiten − vor Allem der Herr der Dame gegenüber − doch auch nicht lästig fallen. Das einfachste und natürlichste Benehmen ist auch das Vornehmste und vom Standpunkt der Etikette aus das Richtigste. Wenn der betreffende Herr annehmen kann, der Dame ist aus irgendwelchen Gründen überhaupt schon sein Anerbieten, für sie zu bezahlen, unangenehm, so ist es doch zartfühlender, wenn er es nicht erst versucht, die Rolle des zahlenden Wohltäters spielen zu wollen. Andernfalls − namentlich im Falle langjähriger Bekanntschaft − ist es eben das Einfachste, zu fragen, wenn man etwas wissen will. »Gestatten Sie, gnädiges Fräulein, dass ich Sie auf unserem Ausflug als meinen Gast betrachte?« − Und das gnädige Fräulein wird dann wohl, wenn sie nicht etwa stumm ist, die Gnade haben, in höflichen Worten ein etwas umschriebenes »Ja« oder »Nein« zu antworten. Die Geschmäcker sind ja verschieden, mir ist ein kurzes »Ja« oder »Nein« und als Zusatz höchstens noch ein

»Danke« oder »Bitte«, wenn es nun durchaus sein muss, das Angenehmste. Langes Hin- und Herreden, zimperliches Ablehnen und dann doch Annehmen seitens der Dame, wiederholtes Bitten seitens des Herrn in landläufigen Redensarten gilt wohl im Allgemeinen heutzutage für langweilig und spießbürgerlich veraltet. Entschieden falsch ist es, wenn in der amerikanischen Zeitung gesagt ist, die Dame darf die Kosten nicht bezahlen, ob sie nun groß oder klein sind. Das natürliche innere Taktgefühl der Dame wird die Größe der Kosten – und zwar im Verhältnis zur Wohlhabenheit des Herrn – gar sehr bei ihrer Entscheidung in Betracht ziehen, ob sie die Einladung ihres Begleiters annehmen soll oder nicht. Natürliches Taktgefühl steht höher als aller Formenkram. Sogar ein König soll einst Taktgefühl des Herzens gerade dadurch bekundet haben, dass er gegen die äußere Form verstieß. Unter den Gästen an der

Natürliches Taktgefühl
steht höher als aller
Formenkram.

königlichen Frühstückstafel befand sich auch ein berühmter Gelehrter. Als er die vor ihm stehende Bouillon aus der Ober- in die Untertasse goss und diese zum Munde führte, bemerkte der König mit Missfallen, wie einige der anderen Gäste sich hierüber mokierten. Und siehe – der König tat ein Gleiches; das Gelächter der Höflinge wich ihrem Entsetzen, als der König gleichfalls Allerhöchst seine Bouillon in die

145

Untertasse goss und in dieser Untertasse zum Munde führte. Dort, wo dies Anno Toback sich zugetragen, nämlich auf dem Monde — soll auch jetzt noch bei Hofe nur aus Untertassen Bouillon getrunken werden.

Verhalten von Wirten, Kellnern und Gästen in Lokalen

Fremdländische Ausdrücke auf der Karte

Besonders in vornehmen Lokalen findet man – höchst unpraktischerweise – auf den Speisekarten viele fremdländische, meist französische Ausdrücke. Logischer ist es, für vorwiegend deutsche Gäste die Gerichte deutsch, und zwar so zu bezeichnen, dass man deren Substanz aus der Bezeichnung einigermaßen erraten kann. Wenn der Wirt aber glaubt, durch französische Ausdrücke dem Menü oder der Speisekarte und damit seinem Lokal einen vornehmen Anstrich geben zu können, so soll er wenigstens die Kellner instruieren, dass sie in der Lage sind,

Oft dienen französische Ausdrücke zur Bemäntelung und Verschleierung wenig schmackhafter Speisen.

auf Befragen der Gäste über dies oder jenes fremdländisch bezeichnete Gericht Auskunft geben zu können. Wer sich als Gast geniert, durch Fragen die Unkenntnis eines französischen Ausdrucks einzugestehen, dem geschieht es recht, wenn ihm, einem Feinde alles Sauren, der Kellner z. B. etwas fremdländisch benamstes Rollmopsartiges angeschleppt bringt. Oft dienen französische Ausdrücke zur Bemäntelung und Verschleierung wenig schmackhafter Speisen. Ich erwähne nur die pomphafte Bezeichnung boeuf à la mode, wofür eine ehrliche deutsche Übersetzung oft »Schuhsohle« lauten müsste.

Verhalten beim Servieren

Mängel in der Kellner-Erziehung wird man natürlich selten in unseren vornehmsten Hotels und Restaurationen wahrnehmen, als vielmehr in einfacheren Lokalen, auch in besonders frequentierten Wirtschaften, wie in großstädtischen Bierhäusern. Was ich früher über das Servieren der Bedienung in Privathäusern bei Gesellschaften erwähnt, gilt natürlich auch für die Bedienung in öffentlichen Lokalen. Der gewandte Kellner – namentlich in frequentierten Lokalen, wo viele Gäste schnell zu bedienen sind – muss rührig sein, die Augen offen halten, muss schnell, aber möglichst geräuschlos hantieren. Beobachtet der Kellner, dass einem Gast z. B. die Gabel herabgefallen ist, so wird er sofort eine neue Gabel holen, diese dem Gast auf einem reinen Teller präsentieren und dann die herabgefallene Gabel auf demselben Teller zurücktragen. Auch die sogenannten Aushilfskellner, die des Sonntags in großen Wirtschaften zugezogen werden, sollten über die notwendigsten Verhaltungsmaßregeln kurz belehrt werden. Ich beobachtete gelegentlich eines sonntäglichen Ausflugs mit gelindem Schauer, wie ein solcher Kellner mit derselben Serviette, mit der er jeden Teller einer letzten flüchtigen Reinigung unterzog, auch die feuchten Perlen der eigenen Stirn trocknete. Auch vom Aushilfskellner sollte der Wirt den Besitz und Gebrauch eines Taschentuches zu derartigem Zweck fordern.

Der gewandte Kellner muss rührig sein, die Augen offen halten, muss schnell, aber möglichst geräuschlos hantieren.

Dass der Kellner die Stuhllehne des Gastes weder mit trockenen und noch viel weniger mit unsauberen oder feuchten Händen anfassen darf, erwähnte ich schon in einer meiner letzten Plaudereien. Der Kellner achte darauf, dass die Schüsseln und Teller, die er dem Gast vorsetzt, und das Besteck sowie die Serviette sauber sind. Sehr oft sind Teller und Schüsseln an der unteren Fläche unsauber, und der Gast sitzt dann nach Fortnahme derselben, wenn er fertig gegessen hat, an einem unsauberen Tischtuch. Eine üble Gewohnheit, die manchen Gast nervös machen kann, ist das beständige Rücken vieler Kellner an den auf dem Tisch vor einem Gast stehenden Tellern, Gläsern, Gewürzbehältern usw. Gut erzogene Kellner werden auch die Biergläser außen abwischen, so dass der Gast bei ihrem Anfassen trockene

Hände behält. Wohl jedem, der seine Mahlzeiten in der Regel im Wirtshaus einnimmt, ist es schon passiert, dass er sich ein Gericht bestellt, das – wie ihm manchmal erst lange nachher gemeldet wird – nicht mehr vorrätig ist. Es gibt ja noch größeres Unglück, aber namentlich bei Zeitmangel des Gastes oder auch, wenn es gerade das Lieblingsgericht eines Schleckers war, ist die Sache doch höchst betrübend, und wie leicht kann sie vermieden werden, wenn der aufmerksame Kellner – über ein solch wichtiges Ereignis, wie das Ausgehen eines Gerichts, vom Küchenpersonal sofort orientiert – das betreffende Gericht umgehend auf der Speisekarte streicht.

Sehr praktisch wäre in öffentlichen Lokalen die Einführung des militärischen Brauches, dass der Untergebene den Befehl des Vorgesetzten wiederholt. In Restaurationen – auch Sozialdemokraten werden hier dies Subordinationsverhältnis dulden – ist nun einmal der Gast der Vorgesetzte und der Kellner der Untergebene. Namentlich so oft der Gast mehreres, Speisen und Getränke, zugleich bestellt, wäre es durchaus praktisch vom Kellner, die materiellen Wünsche des Gastes immer kurz zu wiederholen, anstatt »Ja« oder das

Sehr praktisch wäre in öffentlichen Lokalen die Einführung des militärischen Brauches, dass der Untergebene den Befehl des Vorgesetzten wiederholt.

höflichere »Jawohl« zu flüstern und dann trotzdem einen Teil zu vergessen oder in der Küche etwas anderes zu bestellen. Der Gast hat durch kurze Wiederholung seiner Wünsche seitens des Kellners eine größere Garantie dafür, richtig verstanden zu sein, und der Kellner wird naturgemäß durch halblautes Hersagen auch alles besser behalten. Sehr empfehlenswert ist dies militärische Wiederholungsverfahren auch bei Erteilen von Aufträgen an private Dienstboten.

Man sitzt ungern vor abgegessenen Tellern und vor leeren Gläsern, wenn man noch weiter trinken möchte. Der Kellner soll umsichtig sein, seine Gäste im Auge behalten und sofort Schüsseln, Teller und Besteck abräumen, sobald er annehmen muss, der Gast ist fertig mit Essen. Ein Zeichen hierfür ist das Hinlegen der Serviette neben den Teller oder das Legen des Bestecks auf den Teller, und zwar auf den rechten Rand desselben. In zweifelhaften Fällen, um nichts vorzeitig fort-zunehmen, wird der Kellner einfach fragen, ob er die Teller abräumen darf. Auch im eigenen Interesse, um Zeit und Weg zu sparen, muss der Kellner, so oft er Speisen und Getränke heranzuholen hat, anstatt hierbei das Lokal bis zur Küche oder bis zum Buffet mit leeren Händen zu durchmessen, aufmerk-sam Umschau halten, wo er ein leeres Glas oder nicht mehr gebrauchte Schüsseln oder Teller vom Platze eines Gastes fortnehmen kann. Es macht einen zu nachlässigen, gegen das Behagen der Gäste gleichgültigen Eindruck, wenn Kellner mit leeren Händen durch das Lokal schlendern, ohne bei den Gästen, die abgegessen haben, abzuräumen.

Kluge und wohlerzogene Kellner werden im Falle eines Versehens einen gerechtfertigten, in mäßiger Form vom Gaste erteilten Tadel ruhig einstecken. Der Kellner sollte nicht vergessen, dass er, wie erwähnt, gewissermaßen in einem Subordinationsverhältnis zu den Gästen steht und meist – nach den zurzeit bestehenden unerfreulichen und wenig idealen Zuständen – auf die Trinkgelder der Gäste, als seinen alleinigen oder vorwiegenden Gelderwerb angewiesen ist. Über die Anstandspflicht der Gäste den Kellnern gegenüber und über das Verhalten des vornehmen Menschen in öffentlichen Lokalen lasse ich mich im nächsten Artikel aus. Nicht nur den Gästen, sondern auch den Kellnern selbst muss bei ruhiger Überlegung das von manchem unter ihnen zur Schau getragene hochmütige und unfreundliche Benehmen unpassend und töricht erscheinen. Amüsant ist es zu beobachten, wie sich mitunter der ängstliche sogenannte Provinziale in der Großstadt von einem Kellner imponieren lässt. Je freundlicher der Provinziale wird, um so mehr schwillt dem Kellner oft der Kamm; hat der Provinziale besonders viel vom inneren Wesen jenes guten Tieres, dem wir in erster Linie die wollenen Strümpfe verdanken, dann sucht er zum Schluss die Gunst des ungnädigen Kellners auch noch durch ein hohes Trinkgeld zu gewinnen. Doch das sind Ausnahmefälle. In der Regel wird der bescheidene Kellner infolge seiner verdienten Würdigung durch die normalen Trinkgeldspender besser fahren. Das Bewusstsein, dass sie der Gäste wegen da sind, wird man wohlerzogenen Kellnern stets anmerken, sie werden weder durch lautes Sprechen miteinander noch auch dadurch den Gästen lästig fallen, dass sie in deren Nähe stehen bleiben und bei deren Unterhaltung ungeniert und neugierig zuhören. Auch unter gesellschaftlich Gleichstehenden wirkt Neugierde besonders lästig und macht einen wenig vornehmen Eindruck. Eine besondere Gewandtheit der Kellner ist es, sobald der Gast sie braucht, sofort zur Stelle zu sein, sonst aber nicht unnötig die Gäste zu umkreisen und nicht durch unnötiges Anfragen oder scharfes Beobachten aus nächster Nähe ihren Übereifer zu bekunden. Gute Diener und Kellner müssen rührig sein, aber bei aller Schnelligkeit sich auch leise bewegen und leise hantieren können.

Bedienung in öffentlichen Lokalen

In einer meiner letzten Plaudereien unter der Überschrift »Vorschriften für Bedienung« äußerte ich mich über das Verhalten beim Servieren. Speziell von der Bedienung in öffentlichen Lokalen handelte meine letzte Plauderei; ich habe dem noch einiges hinzuzufügen.

Wirte und Kellner müssen Menschenkenntnis haben und es den Gästen an der Nase ansehen, ob ihnen äußere Höflichkeitsbezeugungen, wie besonders ehrerbietige Bücklinge – Fragen nach dem Befinden seitens des Wirtes oder Geschäftsführers –, vermutlich angenehm oder lästig sind. Während unfreundliches und hochmütiges Wesen eines Wirtes oder Kellners abstößt, ist das gerade Gegenteil hiervon, ein kriechendes, süßlich freundliches Benehmen, das sich in allzu demutsvollen Verbeugungen, in übertriebenen Aufmerksamkeiten gegen die Person des Gastes offenbart, diesem oft noch bei weitem lästiger. Mancher Wirt – allerdings ist diese Sorte sehr gering vertreten – glaubt seinen Gästen durch seine Unterhaltung besonders zu imponieren und langweilt sie dabei oft durch leeres, phrasenhaftes Geschwätz, das er mit der Miene eines Philosophen verzapft.

In einer früheren Plauderei erwähnte ich, wie man ein brennendes Streichholz auf die höflichste, also namentlich für Kellner beachtenswerte Weise einem Raucher gibt, oder wie man das brennende Streichholz einem andern vor die Zigarre hält. Kellner begehen sehr oft den Fehler, dass sie, wenn der Gast kaum eine Zigarre ergriffen hat, ihm schon das brennende Streichholz vor die Nase halten. Wenn man als Gast nun rücksichtsvoll und darum besorgt ist, dass der Kellner sich die Finger verbrennen könne, so muss man in ungemütlicher Hast nach dem Messer oder Abschneider greifen und die

Zigarre rauchfertig machen. Ein gewandter Kellner wartet ruhig ab, bis der Gast zum Rauchen bereit ist, und zündet das Streichholz erst an, wenn der Gast die Zigarre oder Zigarette zum Munde führt. Dasselbe Verfahren ist natürlich auch höflichen Gesellschaftsmenschen gegenüber älteren Herren oder Damen zu empfehlen. Vielbeschäftigte Kellner setzen besser einem Gast das Feuerzeug zur Selbstbedienung vor dem Rauchen hin, als dass sie den Raucher durch vorzeitiges eiliges Anzünden und Hinhalten des Streichholzes drängen. Im letzteren Falle dient es zur Belehrung der Kellner, wenn der Gast sich nicht drängen lässt, sondern ruhig zum Kellner sagt: »Ich muss mir erst die Zigarre abschneiden und werde mir dann selbst Feuer nehmen.«

Die Rechnung

Beim Rechnungmachen ist es in vornehmen Lokalen Sitte, dass der Kellner die bestellten Speisen und Getränke mit Preisangaben, oder wenigstens die letzteren allein, untereinander schreibt und dann dem Gaste diesen Zettel zur Kontrolle überreicht; natürlich wird bei kleinen Rechnungen auch das mündliche Verfahren genügen. Unter der Unehrlichkeit schlechter Elemente ihres Standes haben natürlich auch die ehrlichen Kellner zu leiden, und diese letzteren sind – wenigstens nach meinen vieljährigen Erfahrungen eines Junggesellen-Wirtshauslebens – entschieden in der Mehrzahl. Das Feilschen eines starken Trinkers mit dem Kellner um einen einzigen Schnitt Bier macht keinen angenehmen Eindruck; der anständige Gast, der seiner Sache nicht ganz gewiss ist, wird selbstverständlich, auch wenn ihm nach seiner bloßen Vermutung bei einer größeren Anzahl Gläser Bier eins zu viel berechnet wird, dem Kellner Glauben schenken. Kellner, die sich auf ihr Gedächtnis nicht verlassen können, namentlich in stark besuchten Bierlokalen, werden sich über die Trinkleistungen der einzelnen Gäste irgendwie Notizen oder Merkmale machen, um nicht in Versuchung zu kommen, in zweifelhaften Fällen lieber für ein Glas zu viel als zu wenig Bezahlung zu fordern. Ein probates Mittel gegen Übervorteilung soll es sein, immer nur ein gleiches und zwar geringes Quantum zu trinken, das man sich leicht im Kopf behält, trotzdem es nicht zu Kopfe steigt; aber dies Mittel ist bei vielen Gästen und wohl bei allen Wirten wenig beliebt. Um beim Wechseln eines Geldstückes und Herausgeben Irrtümer zu vermeiden, ist es praktisch, wenn der Kellner, bis er herausgegeben hat, das Geldstück des Gastes offen liegen lässt, oder wenn der Gast beim Bezahlen

Augenscheinliche Übervorteilungen natürlich wird sich kein Gast bieten lassen.

laut ansagt, z. B.: »Geben Sie mir auf fünf Mark heraus.« Wie es in jedem Stand so'ne und so'ne gibt, so gibt es auch leider Kellner, die trunkfeste Gäste auf ihre Gedächtnisschwäche, ihre Gutmütigkeit oder Schüchternheit zu taxieren suchen und dann bei der Bezahlung, der Sicherheit wegen, acht Glas Bier anrechnen, weil sie nicht genau wissen, ob der Herr Gast fünf oder sechs Glas getrunken hat. Es wäre erfreulich, wenn jener österreichische Kellner ein Phantasiegebilde wäre, von dem man erzählt, er habe in der schriftlichen Zusammenstellung bei der Bezahlung obenan das Datum gesetzt und dann, aus einer Art gewohnheitsmäßigen Versehens, die Tageszahl zu den Gulden und die Monatszahl zu den Kreuzern einfach und bieder hinzuaddiert. Vermutlich ist der eines gewissen, freilich verdammenswerten Humors nicht entbehrende Frevel ans Tageslicht gekommen, als ein Gast an einem 31. Dezember für ein einzelnes Pils — bekanntlich die Abkürzung für Pilsener Bier — 31 Gulden und etliche Kreuzer zahlen sollte!?

Augenscheinliche Übervorteilungen natürlich wird sich kein Gast bieten lassen, sondern dieselben, wenn die betrügerische Absicht eines Kellners auf der Hand liegt, sogar dem Wirt oder Geschäftsführer in ruhiger und sachlicher Weise mitteilen im Interesse des Publikums, der Wirte und nicht zum letzten im Interesse der anständigen, ehrlichen Kellner selbst.

Trinkgeld

Fast alle Menschen werden sich wohl mehr Geld wünschen, als sie tatsächlich besitzen. Es ist menschlich und natürlich, wenn Kellner über ein größeres Trinkgeld sich mehr freuen als über ein kleineres. Aber im höchsten Grade unpassend ist es, wenn Kellner durch ihr Benehmen dem Gast zu verstehen geben, dass ihnen das verabreichte Trinkgeld zu gering ist. Wenn auch allgemein üblich, so ist das Trinkgeld doch ein freiwilliges Geschenk des Gastes. Die Anstandspflicht gebietet es dem Kellner, dies Geschenk eines auch nur kleinen Trinkgeldes anzunehmen und sich dafür zu bedanken, sei es durch eine stumme Verbeugung oder durch die einfachen Worte »Ich danke«. Betreffs der Höhe des Trinkgeldes sind die Ansichten in verschiedenen Ländern und in verschiedenen Gesellschaftskreisen natürlich sehr verschieden. In Bayern z. B., namentlich in den einfachen Bierlokalen, ist es vielfach Sitte, nur wenige Pfennige, wie man sie gerade beim Bezahlen herausbekommt, als Trinkgeld

In Norddeutschland haben sich viele als Norm gesetzt, etwa den zehnten Teil dessen, was sie für Speise und Trank zu zahlen haben, dem Kellner als Trinkgeld zukommen zu lassen.

zu geben. In Norddeutschland haben sich viele als Norm gesetzt, etwa den zehnten Teil dessen, was sie für Speise und Trank zu zahlen haben, dem Kellner als Trinkgeld zukommen zu lassen. In den vornehmsten Gesellschaftskreisen ist vielfach die Ansicht vertreten, auch bei geringem Bedarf an Essen und Trinken habe man in einem Bierlokal wenigstens zwanzig, in einem Weinlokal wenigstens fünfzig Pfennig, und zwar auch für eine einzelne Person, an Trinkgeld zu geben. Es ist eigentlich richtiger, das Trinkgeld nicht nach der Höhe seiner Zeche, als vielmehr entsprechend den Bemühungen des Kellners, also vor allem nach der Anzahl unserer Bestellungen, zu bemessen; auch wird man natürlich ein ungefähr verhältnismäßig höheres Trinkgeld verabreichen, wenn für mehrere Personen zusammen bezahlt wird. Das Trinkgeld ist zweifellos eine Unsitte; richtiger wäre es, der Kellner würde ausschließlich vom Wirt bezahlt, und der Wirt schlüge eben dafür um ein Weniges in seinem Preisverzeichnis auf. Anstürme gegen das Trinkgeld sind schon mehrfach unternommen, aber bisher ohne nachhaltigen Erfolg. Die Unsitte des Trinkgeldes ist im allgemeinen noch zu fest eingebürgert, und die Kellner sind mehr oder weniger darauf angewiesen.

Verhalten im Lokal

Die Herren Gäste, die ein öffentliches Lokal betreten, auch die Damen, tuen gut, sich dabei einer gewissen vornehmen Ruhe zu befleißigen, um nicht schon beim Eintritt mit etwa gerade heraustretenden Gästen in Kollision zu geraten. Auch im obersten Oberbayern beginnt das Raufen immer erst später! Auch während ihres Aufenthaltes in einem öffentlichen Lokal werden vornehme Gäste gewisse Höflichkeitsrücksichten gegen einander beobachten. Man vergibt sich absolut nichts an seiner Menschenwürde, wenn man diesen guten Willen der Höflichkeit durch eine leichte kurze Verbeugung bekundet, wenn man sich an denselben Tisch zu anderen, unbekannten Gästen heransetzt. Wer noch höflicher sein will, holt auch durch ein paar Worte sich die besondere Erlaubnis hierzu ein; dies ist dann sogar geboten, wenn man im Zweifel darüber ist, ob die Plätze nicht etwa nur momentan leer und in Wirklichkeit besetzt oder reserviert sind. Auch dann, wenn einem die bereits an einem Tisch sitzenden Gäste mit steifer, kühler Reserviertheit gewappnet erscheinen, braucht man sich dadurch noch nicht imponieren zu lassen und Gleiches mit Gleichem zu vergelten. Zum mindesten hat man in öffentlichen Lokalen die Rücksicht auf andere zu nehmen, dass man den Nächsten nicht durch zu lang geratene Gliedmaßen, namentlich durch seine Füße beim Übereinanderschlagen seiner Gebeine belästigt. Höchst unvornehm ist ein lautes, auffälliges Benehmen und Sprechen. Manche spielen in öffentlichen Lokalen gleichsam Theater, man merkt ihnen an, sie wollen mit Gewalt beachtet und bewundert werden, sei es durch nach ihrer Ansicht exquisites oder originelles Benehmen, sei

Auch im obersten Oberbayern beginnt das Raufen immer erst später!

es durch witzige Bemerkungen. In grober Weise verstößt es gegen die gute Sitte, in öffentlichen Lokalen dadurch mit verwöhntem Geschmack protzen zu wollen, dass man mit dem Kellner über vermeintlich minderwertige Speisen und Getränke herumschimpft. Der Kellner serviert doch ausschließlich und hat weder die Speisen zubereitet, noch auch die Getränke gebraut. Gerechtfertigte Beschwerden wird man in möglichst geräuschloser, unauffälliger Weise durch den Kellner an die richtige Adresse, an den Wirt oder an die Küche, übermitteln lassen. Durch lautes Tadeln von Speise und Trank kann man auch leicht den Mitgästen, die vielleicht genügsamer geartet sind, den Appetit verderben. Vornehme Menschen werden sich gegenseitig bei Bedarf gewisse kleine Dienstleistungen, wie Darreichen von Brot oder des Salzfasses, verrichten und sich auch nicht genieren, solche geringfügige Gefälligkeiten von anderen zu erbitten.

Manchem Junggesellen, der durch seine pekuniäre Lage gezwungen ist, in einfachen Wirtslokalen zu verkehren, ist es zur Gewohnheit geworden, sein Besteck vor dem Gebrauch mit Brot oder der Serviette zu reinigen. Sobald die Serviette deutliche Spuren dieser Manipulation aufweist, so ist eben damit eine solche Reinigung als gerechtfertigt erwiesen. Man achte darauf, diese Reinigung möglichst unauffällig vorzunehmen und sie in besonders vornehmen Restaurationen, wo man peinlichste Sauberkeit voraussetzen darf, und vor allem in Privathäusern zu unterlassen. Man hat mir mit gerechter Entrüstung vor einiger Zeit erzählt, dass sogar eine Dame, die zu Besuch in einer Familie weilte, sich bei Tisch diese Reinigung ihres Bestecks leistete. Sonst genießt wohl ausschließlich der arme Junggeselle den Ruf, wilde Wirtshausmanieren in friedliche Familien hineinzutragen.

Kinder und Hunde in Lokalen

Kinder und Hunde – liebende Mütter mögen mir, der ich übrigens ein Kinderfreund, d. h. ein Freund artiger Kinder bin, diese Zusammenstellung nicht übelnehmen – Kinder und Hunde, auch die alten, erwachsenen Hunde, bringt man tunlichst überhaupt nicht in öffentliche Lokale oder höchstens nur dann, wenn man sich mit Erfolg bemüht hat, die

Genannten zu erziehen und für Fremde genießbar zu machen. Als abschreckendes Beispiel schwebt mir das »goldige Bübchen« eines jungen Frankfurter Ehepaares vor, das ich öfter mit ihrem ungezogenen Sprossen sonntagabends in ein und derselben Restauration zu Frankfurt am Main antraf. Der Junge belästigte die zunächst sitzenden Gäste derart durch seine Unarten, dass ich über die Macht der blinden Mutterliebe höchlichst erstaunt war, als ich einst als nächster Nachbar mit meinen beiden Ohren hören musste, wie die junge Mama ihr »goldig Bübchen« gegenüber den auch noch zu milden Verweisen des objektiveren Herrn Papa in Schutz nahm. Zehn Jahre sind seitdem verflossen, vielleicht hat der Eigensinn jener damaligen Range begonnen, sich allmählich in löbliche Energie und nützlichen Tatendrang umzuwandeln. Wer seine Kinder nicht in seinem und ihrem Interesse auch in Äußerlichkeiten erziehen will, der tue

Kinderlose Ehepaare und alleinstehende Damen verzärteln ja oft ihre Hunde wie Kinder.

dies in Rücksicht auf die anderen Menschen, die keine Lust verspüren, sich durch Unarten fremder Kinder belästigen zu lassen.

Der Erfolg ist das Entscheidende im Leben. Wer die Erfahrung gemacht hat, dass sein Kind oder sein Hund den Wirten und den anderen Gästen in einem öffentlichen Lokale zum mindesten nicht lästig geworden ist, ja vielleicht sogar Freude gemacht hat, der hat in diesem Falle den Erfolg für sich. Kinderlose Ehepaare und alleinstehende Damen verzärteln ja oft ihre Hunde wie Kinder; also man möge es mir, dem Etiketten-Barden, nicht als Etikettenwidrigkeit anrechnen, Kind und Hund in einem Atem zu nennen. Seinem Hund in einer einfachen Restauration einen Knochen von seinem Teller zu geben, ist nur dann einigermaßen entschuldbar, wenn der glückliche Besitzer des Tieres genau weiß, dass der vierbeinige Liebling mit dem fetten Knochen weder die Fußbekleidung der Gäste und den Kleidersaum der Damen berühren, noch auch den sauberen Fußboden des Lokales verunzieren werde. Niemals setze man seinem Hunde in einem Lokal seinen Teller mit etwaigen Speiseresten zum Fressen vor, sondern ersuche stattdessen nötigenfalls den Kellner, dem Hund besonders, wenn möglich in der Küche und nicht angesichts der übrigen Gäste, zu servieren. Wer möglichste Rücksicht auf die übrigen Gäste und die Wirte nehmen will, wird in einem Lokal den Hund an der Leine behalten, wird kleinen Kindern das Herumlaufen im Lokal verbieten. Bei jenem oben erwähnten »goldigen Bübcher« wäre es vielleicht erfolgreich gewesen, ihm grade alles das zu befehlen, was man im Interesse der Gäste nicht haben wollte.

Vornehme Aussprache. Table d'hôte

Die feierlichste Art des Mittagessens in einem Hotel ist die sogenannte table d'hôte: wörtlich übersetzt heißt dieser französische Ausdruck bekanntlich »Tafel des Wirts«. Wie schon in meinen Plaudereien erwähnt, bezeichnen wir Deutschen, entsprechend unserer Hochachtung vor Fremdländischem, vielfach etwas Exquisites, Vornehmes durch einen fremdsprachlichen, namentlich französischen Ausdruck. Man übernachtet in einem Gasthaus höchstens in Posemuckel; Unter den Linden in Berlin gibt's keine Gasthäuser, dort logiert man in Hotels und nimmt dort sein Dejeuner oder seinen Lunch – dieser letzte englische Ausdruck für das deutsche Gabelfrühstück oder Zweite Frühstück wird bekanntlich »löntsch« ausgesprochen – und später an der table d'hôte sein Mittagessen, auf Französisch oder Englisch »Diner« beziehungsweise »Dinner«, ein. Die Sprache ist ja auch etwas Äußerliches, und auch in seiner Sprache kann man mehr oder minder vornehm und unvornehm sein. Man nimmt es auch in unseren vornehmsten Kreisen niemandem übel, wenn er, stark abweichend vom Hochdeutschen, dem Deutsch unserer ersten Theaterbühnen, mehr oder minder den Dialekt seiner engeren Heimat spricht; aber darüber mokiert man sich vielfach nach Kräften, wenn jemand ein französisches oder englisches

Wort schlecht oder gar falsch ausspricht. Wie ich mich früher mehrfach über dies oder jenes fremdländische Modewort ge-äußert habe, so möchte ich bei dem Thema »table d'hôte« auf die häufig falsche Aussprache des Wortes hinweisen, auch von Leuten, die sogar französischen Unterricht gehabt haben. Also man spricht dies Wort richtig »tabldot« und nie und nimmer »tabldo« aus. Ein »tabldo« ge-

> *Die Sprache ist ja auch etwas Äußerliches, und auch in seiner Sprache kann man mehr oder minder vornehm und unvornehm sein.*

sprochener Ausdruck müsste französisch »table d'eau« ge-schrieben werden und würde den unsinnigen Sinn von »Tafel oder Tisch aus Wasser« haben. Die Aussprache tabldo und die hieraus resultierende Schreibweise table d'eau darf sich höchstens ein Alkoholgegner leisten! Manchem erscheint dies vielleicht unwichtig; wer aber Äußerlichkeiten auch für be-achtenswert hält, möge versichert sein, dass man sich durch falsche französische Aussprache wie »tabldo« in den Augen vieler lächerlich macht.

Zwei andere Fremdworte, die oft malträtiert werden, sind Clown und Drogen. Vertreter der Hofchargen und der Di-plomatie sprechen natürlich höchstens schlechtes Deutsch, aber niemals schlecht französisch oder englisch. Wie ich aus Zuschriften aus dem Leserkreise entnehmen muss, haben meine Plaudereien aber auch bei anderen Menschenkindern Interesse erweckt, denen vielleicht eine Belehrung oder Auffrischung ihrer fremden Sprachkenntnisse angenehm ist. Also der Clown, der Hanswurst im Zirkus, wird nicht »Klohn«, sondern richtig einzig und allein, »Klaun« ausgesprochen. Man sagt nicht »Drohschen« mit weichem »sch«, sondern man spricht dies Wort, das man sowohl Droguen wie auch Drogen schreibt, immer nach der letzten Schreibweise, also »Drogen«, aus. Wenn ich jemanden »Drohschen« aussprechen höre, habe ich immer den Argwohn, er will etwas ganz Besonderes in französischer Aussprache leisten, und ich denke dabei an die Verse: »Warum in die Ferne schweifen! Sieh, das Gute liegt so nah!« Es ist doch herzlos, grade das Wort »Drogen« in der Aussprache zu misshandeln, ein Wort, das sich für uns Deutsche, so bequem – so wie man es jetzt meist auch schreibt – aussprechen lässt. Es ist ein eigentümlicher Sprachgebrauch, dass wir viele französische Worte zu Anfang französisch und in der letzten Silbe deutsch aussprechen, z. B. die Worte Pension, Billet, Parquet und Sergeant. Sonderbar ist beim letzten Wort die unserer Aussprache angepasste Veränderung der französischen Schreibweise in unser »Sergeant« aus dem französischen Worte »sergent«. Die französisch-richtige Aussprache des Wortes »Hotel«, das heißt: das »H« zu Anfang des Wortes nicht zu sprechen, sondern »otell« zu sagen, wird vielfach für affektiert gehalten; ebenso urteilen manche über die Gewohnheit vieler, die Endsilben in Buffet und Bouquet nach französischer Art, also ohne »t« am Ende, auszusprechen und ferner das »z« im Wort »Offizier«, dem französischen officier, sowie das »s« in »Pension« und in »Person und persönlich« scharf wie das deutsche »ß« auszusprechen. Gleichwohl habe ich dies alles schon an Menschen beobachtet, die in ihrem ganzen Wesen einen nichts weniger als gezierten, sondern durchaus natürlichen Eindruck machten. Wie verschieden die Meinungen hierin sind, beweist folgendes: Mancher spricht »Buffet« in beiden Silben französisch aus, mokiert sich aber über die Affektiertheit des lieben Nächsten, der ebenso mit dem Wort »Bouquet« verfährt und auch hier die Endsilbe französisch, also ohne »t« am Schluss, spricht. Was dem einen natürlich klingt, darin erblickt der andere eine »lächerliche Ziererei« und ein übervornehmes Streben, mit französischer Sprachkenntnis protzen zu wollen. Und oft besteht die ganze Sprachkenntnis in der Kenntnis der richtigen französischen Aussprache. Auch gilt die französische Aussprache der letzten Silben in den Worten »Aristokratie und Diplomatie« — die Endsilben »tie« wie »ßie«, wie den Laut beim Niesen auszusprechen — für besonders fein und nobel.

Wer nun aber die französische Sprache, nicht allein die französische Aussprache, vollständig beherrscht, der wird die genannten Worte vielleicht ganz unwillkürlich »fein und vornehm« aussprechen, auch wenn er nicht zur selben Zeit grade niesen muss. Ein Reinfall, den ich bei einer Dame erlebt habe, ist es, die Endsilbe des im Deutschen sehr gebräuchlichen Wortes »Garantie« ebenfalls wie »ßie« auszusprechen. Da wäre Schnupfen tatsächlich der einzige mildernde Umstand, denn das Wort »Garantie« bildet eine Ausnahme in der französischen Aussprache; auch der erste und vornehmste französische Sprachlehrer in Paris spricht die Endsilbe des Wortes »Garantie« wie »tie«, nicht wie »ßie« aus.

Wenn man sich zur table d'hôte niedersetzt oder am Schluss von der Tafel aufsteht, genügt es, seinen Nachbarn und höchstens noch dem Gegenüber eine stumme kurze Verbeugung zu machen, und auch dies wird der gewandte Mensch unter Umständen unterlassen, wenn er Grund hat, jede Annäherung zu vermeiden, oder wenn ihm die Tischgenossen den Eindruck machen, als wären sie für seine Artigkeit nicht empfänglich und verständen sie dieselbe nicht zu würdigen.

Das Rauchen in Lokalen

Viele Menschen belästigt es bekanntlich, wenn, während sie essen, in ihrer Nähe geraucht wird. Es ist deshalb im allgemeinen Sitte, dass der Rauchlustige in einem öffentlichen Lokal

Gäste, die an demselben Tisch sitzen und essen, vorher fragt, ob sie sein Rauchen stören würde. Wer noch höflicher sein will, wird unter Umständen während dieser Zeit das Rauchen unterlassen, beziehungsweise, ohne eine Miene zu verziehen, das Rauchen einstellen und seine bereits brennende Zigarre fortlegen, wenn er sich eben besonders zuvorkommend benehmen will oder von seinen Tischgenossen annehmen kann, dass sie vielleicht nur aus Liebenswürdigkeit gegen sein Rauchen keinen Einspruch erheben, aber in Wirklichkeit sich dadurch doch belästigt fühlen. Ich fand oft, dass gerade — nach ihrem Äußern zu urteilen — einfache Leute sehr zartfühlend und viel zu gutmütig sind, um durch Verneinung der üblichen Anfrage »Stört es, wenn ich rauche?« nicht den Fragesteller für seine Höflichkeit zu belohnen. Die Frage der Rauchbelästigung ist keine eigentliche Frage, auf die man ein Ja oder ein Nein erwartet, sondern in Wahrheit nur eine höfliche Ankündigung, dass man eben jetzt rauchen werde. Etwas stumpfsinnig in Befolgung des Schemas »F« der Höflichkeitsregeln finde ich es, wenn jemand die Rauchfrage auch in einem übervollen öffentlichen Bierlokal stellt, wo der kondensierte Dunst durch eine einzige weitere Zigarre augenscheinlich nicht mehr verstärkt werden kann.

Viele Menschen belästigt es bekanntlich, wenn, während sie essen, in ihrer Nähe geraucht wird.

Ich habe erzählen hören, dass in manchen Gegenden bei Bauernhochzeiten immer schon mittendurch zwischen den einzelnen Gerichten des Hochzeitsmahles geraucht würde. Einen Fall aus meinem Leben kann ich berichten, wo zwei Offiziere absolut keine Taktlosigkeit dadurch begingen, dass sie ebenfalls während eines Hochzeitsmahles zu rauchen anfingen. Ich habe schon öfter und mit Vorliebe in meinen Plaudereien Fälle angeführt, in denen es besondere Umstände als taktvoll erscheinen ließen, gegen den sogenannten guten Ton, gegen diese oder jene Anstandsregel oder vornehme Sitte zu verstoßen. Als junger Artillerieleutnant war ich zugleich mit meinem Hauptmann und Batteriechef zur Hochzeit unseres Wachtmeisters eingeladen. Wir wurden besonders geehrt und saßen nebeneinander dem Brautpaar gegenüber. Nach dem Fisch präsentierte plötzlich ein Kellner meinem Batteriechef Zigarren; er rauchte sich eine solche, ohne eine Miene zu verziehen, an und sagte zu mir leise: »Ich habe zwar noch nie während eines Hochzeitsessens geraucht, aber wenn man uns Zigarren präsentiert, so wird das wohl eben hier so Sitte sein, und unsere Hauptpflicht ist, die Gemütlichkeit nicht zu stören.« Ich folgte dem gutgemeinten und vom Standpunkt »Takt des Herzens« auch tatsächlich guten Beispiel meines Hauptmanns, und wir pafften los. Ich merkte bald, dass dieser Vorgang den jungen Ehemann, unseren Wachtmeister, beunruhigte; auch waren die andern Hochzeitsgäste, meist

Unteroffiziere der Batterie, feiner als wir beide und lehnten das Anerbieten des Kellners, der ihnen nach uns ebenfalls Zigarren präsentierte, dankend ab. Der Wachtmeister meldete darauf mit fast dienstlicher Miene: »Verzeihen, Herr Hauptmann, das ist ein Irrtum vom Kellner.« Das Bewusstsein, es gut gemeint zu haben mit unserem Rauchen, entschädigte uns vollauf für den kleinen sogenannten Reinfall. Bekannt ist der Kalauer, durch den man das Schematische der höflichen Rauchfrage etwas ins Lächerliche ziehen will, wenn man statt der Frage: »Gestatten Sie, dass ich rauche?« mit gnädiger Miene seinem Nachbar erklärt: »Sie dürfen ruhig weiteressen, wenn ich auch rauche!«

Gesang und Musik

Ich erlebte es bei einem Sonntagsausfluge, dass eine größere Gesellschaft in einem Lokal anfing Lieder zu singen, und dass verschiedene andere Gäste darüber unwillig wurden, obwohl nicht geschrien, sondern tatsächlich recht nett gesungen wurde. Jene unwilligen Gäste hatten entschieden nur gewünscht, dass man sie vor Beginn des Gesanges um Erlaubnis gefragt hätte; und das wäre vom Standpunkt der Höflichkeit auch das entschieden richtige gewesen. Zum mindesten hätte sich der Leiter jenes improvisierten Gesangskonzerts durch

tischsten nur durch eine stumme Verbeugung oder vielleicht auch gar nicht begrüßen, anstatt ihn durch phrasenhaften Begrüßungs-Wortschwall zu belästigen und ihn und sich selbst, obwohl mit innerem Widerstreben, zu einer Unterhaltung »anstandshalber« zu zwingen. Verständige Menschen sollten viel zu

Die Etikette soll unseren äußeren Verkehr mit einander formell veredeln und verschönen, aber die Etikette soll keine freiheitsraubende Kette sein.

stolz sein, um es übel zu nehmen, wenn sie einmal überhaupt nicht oder ohne die gewohnheitsmäßigen Redewendungen, sondern nur stumm begrüßt werden. Und für letzteres Verfahren kann es doch auch triftige Gründe geben; solche wird man annehmen, wenn man nicht von der pedantischen und unbequemen Leidenschaft erfüllt ist, sich gern verletzt zu fühlen, und andererseits, wenn man lieber zu milde als zu hart von seinem Nächsten urteilt.

Rufen nach und Sprechen mit dem Kellner

Ein lautes Rufen nach dem Kellner in öffentlichen Lokalen, oder mehrfaches Klingeln oder geräuschvolles Klopfen an Glas oder Porzellan ist gewiss manchmal für das andere

Publikum sehr lästig, aber es ist doch oft das einzige Mittel, um unaufmerksame Kellner, die ihre Gäste nicht im Auge behalten, empor aus holden Träumen zu rütteln. Solche geräuschvollen Winke seitens eines Gastes sind natürlich dann als störende Nervosität oder Radaulust zu verdammen, wenn gut geschulte Kellner auch auf den bloßen stummen Wink der Gäste reagieren, wie dies in unseren ersten vornehmsten Lokalen wohl durchgängig der Fall ist.

Eine Untugend bemerkte ich hin und wieder an Kellnern, ein zu leises oder undeutliches Sprechen. Manche haben sich die Sprechweise angewöhnt und das süß-verbindliche Wesen, verbunden mit untertänigem Augenaufschlag, wie man solches bei Lehrlingen in kleinstädtischen Kaufläden oft beobachten kann. Solcher Sprechweise haftet die unverkennbare und löbliche Absicht an, besonders gefällig und verbindlich sein zu wollen. Schöner aber und bequemer für Gäste und Kellner ist eine natürliche und deutliche Sprache der letzteren. Es ist höchst lästig für den Gast, immer »Wie?« fragen zu müssen. Natürlicher Anstand ist immer vornehmer als unnatürliche Feinheit.

Besonders in stark besuchten Lokalen hat man auf die anderen Gäste Rücksicht zu nehmen und den Kellner nicht länger, als nötig ist, mit Nachfragen nach der Beschaffenheit aller möglichen Speisen und Getränke, mit unentschlossenem, langsamen Bestellen, Widerrufen der Bestellungen usw. für sich allein in Anspruch zu nehmen. Es ist wohl erklärlich und menschlich, dass Wirt und Kellner über ein solches Gebaren eines Gastes in dem Falle besonders entrüstet sind, wenn der Herr Gast dann, als Resultat einer langwierigen Konferenz, eine Bockwurst und einen Schnitt vom billigsten Bier bestellt. Aber auch bei einer intensiven Beanspruchung seitens

Schöner aber und bequemer für Gäste und Kellner ist eine natürliche und deutliche Sprache der letzteren.

eines einzelnen Gastes wird der höfliche Kellner gute Miene zum bösen Spiel machen und höchstens in Gedanken den Vertilger der Bockwurst verwünschen, selbst wenn dieser ein Anhänger des zehnprozentigen Trinkgeldes oder gar ein sogenannter »prinzipieller« Gegner von Trinkgeldern ist.

Äußerlichkeiten:
Kleidung und Körperpflege

Die Schleppen der Damen

Man soll sich beim Tanzen zwar aufrecht, aber nicht gezwungen und steif halten. Man kann flott tanzen, aber dabei einen ruhigen sicheren Eindruck machen. Man wiege sich nach dem Takt der Musik in den Hüften, aber bewege nicht den Kopf während des Tanzes hin und her. Der gewandte Tänzer vermeidet tunlichst jedes Hopfen und Springen, er gleitet mit größeren oder kleineren Schritten auf dem Parkett einher, hebt und senkt sich dabei auf den Fußspitzen, die den Fußboden nicht verlassen.

Man soll sich beim Tanzen zwar aufrecht, aber nicht gezwungen und steif halten.

Jedes Springen des Tänzers gefährdet auch die Schleppe seiner Partnerin, oder in einem sehr vollen Tanzsaal auch die Schleppen anderer Damen. Die unseligen Schleppen! Wahrscheinlich will man die Kleiderstoffhändler nicht zu kurz kommen lassen. Da man oben mit Stoff spart und den oberen Rand des Kleides etwas weit nach unten verlegt, verfährt man am unteren Rande des Kleides um so verschwenderischer. Weshalb tragen nicht zum Mindesten die tanzenden Damen fußfreie Kleider? Haben sie denn alle zu große Füße? Und wenn schon, weshalb sind sie dann nicht auch so ehrlich, wie wir Herren, die großen Füße, auf denen man nun einmal lebt, ruhig zu zeigen? Solange kein Geheimbund von Herren ins Leben gerufen ist, mit dem edlen Zweck, alle Schleppen kalten Mutes mit dem Anschein eines Versehens herunterzutreten, solange hüte man sich natürlich sorgfältigst vor diesem unpraktischen Anhängsel. Beschädigt man es dennoch, so stammle man einige Entschuldigungsworte. Bevor man aber die Versicherung gibt, dass Einem das noch nie passiert, überlege man sich, ob es Einem wenigstens bei derselben Dame noch nie passiert ist. Die Geschädigte denke immerhin: »Nein, so ein Tölpel«, aber sage wohlweislich Nichts dergleichen, auch nicht einmal, dass sie heute gerade ihr bestes Ballkleid anhabe. Es ist ja dies nicht nur etikettenwidrig, sondern auch zwecklos. Weder Worte des Unmutes noch auch ein dementsprechendes Mienenspiel heften den abgerissenen Kleiderfetzen wieder an. Hin ist hin! Man muss sich mit Anstand, das heißt mit Gleichmut, mit wirklichem oder scheinbarem – letzteres ist sogar heroisch –, die Schleppe abtreten lassen, mit Tunke aus schief gehaltenem Gefäß begießen, mit Talgflecken von schiefen Lichtern betropfen lassen und was es sonst noch für Annehmlichkeiten im Gesellschaftsleben gibt.

Handschuhtragen

Im Handschuhtragen sind wir Herren jetzt sehr leger geworden. Beim Eintritt in eine Gesellschaft, sei es nun, dass wir dinieren oder tanzen oder gar beider Mühen uns unterziehen sollen, darf der Herr in den vornehmsten Kreisen unbehandschuht erscheinen. Vielfach wird es geradezu als altmodische Pedanterie angesehen, wenn ein Herr mit dem Chapeau-Claque oder dem Klappzylinder bewaffnet und mit Handschuhen an den Händen eintritt. Da man den Hut gewöhnlich im Korridor ablegt, kann man also auch im gewöhnlichen Filz- oder meinetwegen Strohhut in Gesellschaft gehen. Für räumlich normale Köpfe ist sogar ein recht alter Filz empfehlenswert, um bei den oft vorkommenden Verwechselungen einen guten Tausch zu machen. Mein Spezialgeschmack ist: Entweder beide Handschuhe anzuhaben oder keinen und dann die Handschuhe überhaupt nicht zum Vorschein zu bringen. Die eine Hand behandschuht und die andere barhändig beim Eintritt in die Gesellschaft zu präsentieren, mit dieser Finesse prunkte der feine Emil früherer Zeiten. Sinn hat es eigentlich nicht gehabt; trotzdem – nicht etwa gerade deswegen – war es ziemlich verbreitet. Aber auch beide Handschuhe in den Händen zu halten, finde ich recht überflüssig; es erweckt in mir immer den Verdacht einer harmlosen Protzerei, als wollte der betreffende Herr damit sagen: »Wenn wir sie auch nicht anziehen, Handschuhe besitzen wir — Gott sei Dank — doch.« Dies ist, wie gesagt, mein Spezialgeschmack, aber ich habe sicher auch Gleichgesinnte in diesem hochwichtigen Punkte. Sogar darüber, dass Herren beim Tanzen keine Handschuhe tragen, sieht man jetzt im Allgemeinen hinweg. Jeder tanzende Herr sollte aber Handschuhe bei sich haben und sie jedenfalls

Sogar darüber, dass Herren beim Tanzen keine Handschuhe tragen, sieht man jetzt im Allgemeinen hinweg.

anziehen, sobald er merkt, dass die Wärmetemperatur seiner Hände einer einigermaßen empfindsamen Dame unangenehm sein könnte. Ausnahmsweise habe ich auch Damen ohne Handschuhe auf Bällen tanzen sehen. Das ist immerhin eine riskante Sache für eine Dame, die ein strenges Urteil über sich selbst seitens Anderer vermeiden will. Einem Verehrer der betreffenden Dame wird dies als eine »allerliebste« Zwanglosigkeit erscheinen, Andere aber werden vielleicht anders, so ganz anders, darüber urteilen. Zur Balltoilette der Dame gehören eben Handschuhe; natürlich auf Kostümfesten werden die Zigeunerin, das Schützenliesl, das Ungarn-Mädel und andere ländliche Damen, ihrer Maske entsprechend, keine Handschuhe tragen, ebenso wie z. B. ein maskierter Schornsteinfeger sich ohne Monokel präsentieren muss. Als ich, etliche Lenze sind inzwischen schon dahingeblüht, meine ersten Bälle mitmachte, empfahl mir ein der Tricks eines Salonlöwen besonders kundiger Verwandter, immer mit zwei Paar Handschuhen auf den Ball zu gehen; das wäre ja noch nichts ganz Abnormes, aber das Kniffliche kommt noch. Die weniger guten Handschuhe, die schon öfter gewaschenen, sollte ich zuerst anziehen, mit der besseren Garnitur, den ganz oder fast nagelneuen, am Ende der Tanzerei, beim Kotillon, paradieren, wenn die anfänglich auch weißen Handschuhe der Anderen schon bedenklich zur anderen Preußenfarbe, zum »Schwarz«, hinüberneigten. Ähnlich verfahren Damen, die natürliche Blumen tragen und sich in der Garderobe eine zweite Garnitur frischer Blumen zum Umwechseln reservieren.

Noch einmal: Die Schleppe

Mein Zorn über die Schleppen im Tanzsaal ist inzwischen verraucht; die Verurteilung der Schleppen in meiner letzten Plauderei wird zwar die Zustimmung mancher Tänzer gefunden haben, die so ungeschickt waren, auf Schleppen zu treten oder darüber zu stolpern, aber dies muss man eben zu vermeiden suchen, indem man beim Vorwärtsbewegen in einem sehr vollen Tanzsaal — sei es, dass man tanzt oder herumgeht – mehr vorwärtsgleitet und nur die Fersen hebt und mit den Fußspitzen den Boden gar nicht oder nur wenig verlässt.

Diese Bewegungsart ist auch für ein glattes Parkett am meisten geeignet und wird zur Folge haben, dass man etwaige Hindernisse auf dem Boden, wie die Schleppe einer Dame, höchstens bei Seite schiebt. Das Gleiten muss geräuschlos geschehen. Ein hörbares Scharren mit den Füßen, wie ich dies besonders bei Studenten beobachtet habe, wenn sie Verbeugungen machen – ein solches hörbares Scharren ist entschieden unschön. Belehrt und bekehrt durch eine liebenswürdige Zuschrift – gehorsamen Dank dafür, meine Gnädigste! –, tue ich kund und zu wissen: Zu einer eleganten Ball- oder Gesellschaftstoilette gehört die Schleppe. Durch ein Hoch- oder Anheben der Schleppe, je nach deren Länge, wird die Dame gebotenen Falles ein Betreten seitens unachtsamer Zeitgenossen zu verhindern suchen. Die Toilettenkunst widmet der Schleppe oft eine ganz besondere Sorgfalt, wie z. B. der Courschleppe einer bei Hofe erscheinenden Dame. Bekanntlich erfordert die Verbeugung einer Dame bei Hofe vor den Allerhöchsten Herrschaften, der sogenannte Hofknicks, wegen jener pfauschwanzartigen Verlängerung des Kleides ein ganz besonderes Studium. Die Schleppe, auch eine nicht hofmäßige kürzere, hebt im Allgemeinen die Figur einer Dame, lässt sie größer und schlanker erscheinen. Auch hat eine graziöse Dame Gelegenheit, sich als solche zu zeigen durch die Manier, wie sie ihre Schleppe anhebt, trägt oder langsam wieder fallen lässt. Ich begreife also absolut nicht, wie man ein Gegner der auf Gesellschaften getragenen Schleppe sein kann?!

Für Sport, wie Rad- und Tennissport usw., für Bergtouren verbietet sich die Schleppe von selbst. In der oben erwähnten dankenswerten Zuschrift aus dem Leser- oder vielmehr dem Leserinnenkreise wird die Schleppe auch für das einfache Straßenkleid verdammt. Da gehe ich nun entschieden weiter, ich verdamme die Schleppe für jedes Straßenkleid, auch für das komplizierte und raffinierte, ohne, wie bei der Schleppe des Gesellschaftskleides, mir das nächste Mal einfach zu widersprechen. Das Streben nach möglichster Sauberkeit und andere Gesundheitsrücksichten sind zu wichtige Momente in ethischer und physischer Hinsicht, um eine ihnen widersprechende Mode nicht zu verurteilen. Die Schleppe des Straßenkleides wird fast immer—mehr oder weniger — schmutzig werden. Schmutz ist unästhetisch, Schmutz ist ungesund. Wenn man aber beim Straßenkleide die Schleppe beständig anhebt, dann erfüllt sie doch ihren Zweck nicht, die Figur einer Dame durch rückwärtige Verlängerung des Kleides möglichst vorteilhaft erscheinen zu lassen. Manches Unglück ist passiert durch Hängenbleiben der Damen

Ich werde nie — höchstens auf einem Kostümfest — ein Straßenkleid mit Schleppe anziehen.

mit ihren Schleppen. Das Aufwirbeln von Staub durch die Schleppen ist auch für die übrigen Passanten lästig, Staub verunziert ihren äußeren Menschen, Staub schadet ihren Lungen. Wenn auch nicht gänzlich fußfreie Kleider, so sollte man auf der Straße doch immer sogenannte »runde« Kleider, d. h. Kleider ohne Schleppe tragen. Ich werde nie – höchstens auf einem Kostümfest – ein Straßenkleid mit Schleppe anziehen.

Äußerlichkeiten des Herren

Die Diner-Toilette des Herren ist der Frack mit weißer Binde und der Diner-Frack des Offiziers ist der Waffenrock mit Epaulettes. Heil dem Manne, dem man es nicht übel nimmt, wenn er unrasiert, mit ungebügeltem Frackanzug, mit wichsledernen Gummizugstiefeln, mit losen Gummi-Manschetten und festgenähtem Schlips in den vornehmsten Häusern zum Diner erscheint! Er muss so hervorragende Verdienste auf irgendeinem Gebiete oder derartig außergewöhnliche Vorzüge des Geistes oder Herzens aufzuweisen haben, dass man die Horreurs oder Gräuel seines äußeren Menschen mit in den Kauf nimmt. Die genannten Äußerlichkeiten – von der Unrasiertheit bis zum festgenähten Schlips – sind nämlich Gräuel vom Standpunkt des soignierten Etikette-Menschen, und niemals tangieren

sie den Staatsanwalt als solchen. Soigniert ist auch ein Modewort und bedeutet »sorgfältig gepflegt«. Aber Patrioten, die der
Sprache des Erbfeindes unkundig sind, gebrauchen solche aus
dem Französischen stammende Modeworte lieber gar nicht,
als dass sie dieselben falsch oder mit heimatlicher Provinzial-
Zunge aussprechen. Ein durch innere Eigenschaften her-
vorragender Mensch braucht die Nachsicht, die man seinen
etwaigen äußeren Mängeln zuteil

*Wozu Knöpfe ohne
Knopflöcher!*

werden lässt, nicht auszunutzen;
wohl ihm, wenn er auch vor dem
Richterstuhl der Etikette besteht!
Diejenigen Herren, namentlich
jüngeren Alters, die sowohl die pekuniären Mittel als auch
den Wunsch haben, den Anforderungen äußerer Vornehmheit
möglichst zu genügen, werden durch Bügeleisen oder sonstige
Mittel geglättete Kleider, werden an das Hemd festgenähte
Manschetten und selbstgebundene Schlipse und werden –
dies wenigstens in Gesellschaft – Lackstiefeln, oder jedenfalls
keine wichsledernen Stiefeln tragen. Es ist hier die Rede vom
Streben nach möglichster äußerer Vornehmheit – das Wort
»äußerer« dick unterstrichen. Es liegt auf der Hand, dass an
innerem Anstand der Niedertupfer-Toni, Bergführer in Oberbayern, der in benagelten Schmierstiefeln zur Hochzeit geht,
einen belackschuhten Löwen des Salons unter Umständen
überragt. Durch eine Anfrage aus dem Leserkreise nahm ich

bereits in einer meiner ersten Plaudereien Veranlassung, über feste Manschetten und deren Widersacher, die sogenannten, »losen Röllchen«, zu schreiben. Eine gleich wichtige Sache ist für elegante Herren der selbstgebundene Schlips. Viele werden es für lächerlich halten, sich mit solchen Fragen zu beschäftigen; doch urteilt man vielleicht milder, wenn man bedenkt, dass der Mode der selbstgebundenen Krawatten ein sittlicher Grundgedanke nicht abzusprechen ist. Eine festgenähte Krawatte sieht doch gebunden oder geknüpft aus und ist es tatsächlich nicht, ist also eine »Vorspiegelung falscher Tatsachen«, ebenso wie der als Knöpfstiefel frisierte Gummizugstiefel, der sogenannte falsche Knöpfstiefel. Wozu Knöpfe ohne Knopflöcher! Der Keim zu Meineiden liegt ja nicht gerade in solchen Toiletten-Unwahrheiten, der Normalmensch wird sie dem lieben Nächsten nie verargen, aber verdient es keineswegs, mitleidig belächelt zu werden, wenn er sich die Zeit dazu nimmt und eben die Mode mitmacht, sich seine Schlipse selbst zu binden. Um zerstreute Interessenten vor unheilvollen Verwechselungen zu bewahren, sei es noch einmal kurz gesagt: Feste Manschetten, lose Schlipse und nicht umgekehrt! Aber wer es umgekehrt macht, der darf und soll auch leben! Genug der Requisiten eines Muster-Elegants! Ich gehe über zum Haupterfordernis äußerer Vornehmheit, zur tadellosen, selbst über den gelindesten Argwohn siegreichen Sauberkeit.

Von Schmutz und Sauberkeit

Frischer »Dreck« ziert den Soldaten! So bedauerlich es auch für zartnervige Leser sein mag, der in Offizierskreisen der Linie und Garde übliche Spruch enthält nun einmal diesen Kraftausdruck für das zartere Wort »Schmutz«. Der der Landstraße oder dem Exerzierplatz »entlockte« Schmutz ist für den Soldaten ein äußeres Zeichen seiner Tätigkeit im Dienste des Vaterlandes, er wird sich dadurch ebenso wenig geniert fühlen, wie der Arbeiter, dessen Kleider und Körperteile durch seiner Hände Arbeit schmutzig wurden. Auch bei Ausübung des Sports und im Freien überhaupt, z. B. spazieren gehender Weise, darf man schmutzig werden; auch Kinder dürfen und sollen schmutzig werden, sonst sind es Zierpuppen und keine Kinder! Aber − ob arm oder reich, ob jung oder alt − man darf nicht schmutzig bleiben.

Aber − ob arm oder reich, ob jung oder alt − man darf nicht schmutzig bleiben.

Der Arbeiter, der auf äußeren Anstand und auf Gesundheit, etwas noch Kostbareres, hält, wird sich nach der Tages-Arbeit, sobald es Feierabend ist, reinigen, er wird seinen Stolz dareinsetzen, sich an arbeitsfreien Tagen in sauberem Zustande zu zeigen. Kinder sollen zu den Mahlzeiten sauber erscheinen, sie

sollen in sauberem Zustande zu Bett gehen. Der Gesellschaftsmensch, der lediglich aus Furcht, seinen äußeren Menschen
zu verunzieren, jeder körperlichen Anstrengung, jedem Sport
im Freien oder Fußtouren usw. abgeneigt ist, ist ein höchst
bedauernswertes Individuum; nur soll man gewissen äußeren Verunzierungen bei Gelegenheit mit den mit Recht so
beliebten und hierfür geeigneten Mitteln, als da sind »Bürste,
Wasser und Seife«, zu Leibe rücken. Sauberkeit, und zwar
peinlichste Sauberkeit, ist ein Haupterfordernis äußeren Anstandes. Schmutzige Wäsche und schmutzige Hände – natürlich nicht in den angedeuteten Fällen ihrer vollkommenen,
zeitweisen Berechtigung – sind gewiss schrecklich, jedoch der
Schrecklichste der Schrecken, das ist der Mensch in seinem
Wahn, schmutzige Wäsche und schmutzige Hände durch
Pretiosen und Geschmeide, wie kostbare Krawatten-Nadeln,
Broschen, Manschettenknöpfe, Fingerringe usw. mehr in den
Hintergrund der Beachtung seitens Anderer zu rücken. Das
gerade Gegenteil wird erreicht. Die Existenz-Berechtigung
der Waschfrauen und der Seifensieder ist eine noch größere
als die der Juweliere! Übrigens auch betreffs Sauberkeit sei
man strenger im Urteil gegen sich selbst als gegen den Nächsten, bei dem man doch nicht wissen kann, welch' mildernde
Umstände zu seinen Gunsten sind. Was man nun erst oder was
man schon schmutzig nennt, das ist Sache einer größeren oder
geringeren Weitherzigkeit in solchen Dingen. Ein möglichst

geringes Maß von Weitherzigkeit, dieser sonst edlen Tugend, empfiehlt sich jedenfalls, wenn es sich um das eigene liebe Ich handelt. Ich sprach oben von dem Erfordernis einer selbst über den gelindesten Argwohn siegreichen Sauberkeit. Sollte jemals Jemand in Gesellschaft oder sogar zu einem Diner mit zweifellos schmutzigen Händen erschienen sein, so geschah dies sicher nur, damit bei Wiederholung eines solchen betrübenden Falles Ben Akiba auch in diesem Punkte Recht hätte mit seinem Ausspruch, dass Alles schon mal dagewesen. Aber ich habe schon in Gesellschaften bei anderen Hände gesehen − hoffentlich Andere nicht bei mir −, deren gründliche Reinigung man wohl für möglich, bei wohlwollender Beurteilung auch für wahrscheinlich, aber durch ihr Aussehen nicht für klar erwiesen halten konnte. Zur Erreichung dieses vollkommenen Zustandes ist für den Gesellschaftsmenschen der Gebrauch einer Nagelbürste unbedingt nötig. Eine Entschuldigung für deren Nichtbesitz ist es nicht, dass man sie vor acht Tagen verloren hat; denn eine hierzu vorzüglich geeignete kleine Wurzelbürste kann man schon erschwingen, wenn man einmal, höchstens zweimal, das Geld für Straßenbahn spart. Nicht ganz tadellos saubere Hände fallen entschieden bei einem Gesellschaftsmenschen mit Bügelfalten im Beinkleid und mit Lackstiefeln um so mehr auf. Um Harmonie in seinen äußeren Menschen zu bringen, möge ein solcher Zeitgenosse − nicht etwa seine Lackstiefeln ausziehen, sondern – sich schleunigst die Hände waschen. Wer Toilette-Finessen mitmacht, der soll in womöglich noch höherem Maße dem natürlichsten Erfordernis des äußeren Anstandes, demjenigen peinlichster Sauberkeit, entsprechen. Etwas besonders Unlogisches sind Hände von zweifelhafter Sauberkeit in Handschuhen; die Handschuhe sollen saubere Hände schützen, nicht schmutzige Hände verstecken. Eine Berechtigung, in meinen Etiketten-Plaudereien auch über Sauberkeit zu sprechen, glaube ich dadurch ganz entschieden zu haben, dass ich vorzügliche Menschen – auch von »sogenanntem Namen und Stand« – kennen gelernt habe, die eben nicht tadellos sauber

Die Existenz-Berechtigung der Waschfrauen und der Seifensieder ist eine noch größere als die der Juweliere!

waren. Auch kann das Anempfehlen einer tadellosen Sauberkeit für Mitglieder der sogenannten mittleren oder unteren Gesellschaftsschichten nützlich sein, wenn sie in nahe persönliche Beziehungen zu Höherstehenden treten, die sowohl bei sich selbst als auch bei anderen in ganz besonderem Maße auf diese Äußerlichkeit sehen. Oder folgender Fall: Ein Beamter hat für seinen Dienst unter zwei Schreibern einen auszusuchen. Wenn sie ihm sonst gleichwertig erscheinen, was ist da natürlicher, als dass er denjenigen bevorzugt, der ihm einen äußerlich reinlicheren Eindruck macht! Auch dem

soigniertesten Gentleman kann es passieren, dass er zum Diner eingeladen, sich kurz vor dem Betreten des Empfangs-
raumes – sei es beim Öffnen einer Tür, sei es beim Abstreifen
seiner Überschuhe – die Hände beschmutzt. Da ist es nun mit
Waschgelegenheiten auch bei Gastgebern, die sich und ihren
Gästen derartiges leisten könnten, oft recht dürftig bestellt.
Der praktische Gesellschaftsmensch, namentlich die Dame,
wird bis zum Eintritt in den Empfangsraum die Hände durch
Handschuhe schützen, die eventuell schmutzig werden dürfen
und die man eben kurz vorher auszieht, bevor man sich in
seinem Festtagsglanze präsentiert. Solchen Gastgebern, die
hierzu in der Lage sind, und die Wert darauf legen, auch in
den scheinbar nebensächlichsten Dingen ihren Gästen jede
Annehmlichkeit in möglichst hohem Maße zu bereiten, wäre
zu empfehlen, nicht nur für bequeme Waschgelegenheiten,
sondern auch für warmes Wasser zum Waschen der Hände
zu sorgen. Aber Alles hat seine Grenzen. Wannenbäder z. B.
werden wohl sogar in den Palästen der amerikanischen Milli-
ardäre den geladenen Diner-Gästen nicht offeriert; auch den
Mitgliedern des deutschen Reichstages hat man ja die Wohltat
von Wannenbädern im Reichstagsgebäude nicht gegönnt, als
seiner Zeit ein solcher Antrag eingebracht wurde.

Über die Pomade

Beim Thema »Diner« schweifte ich von der Diner-Toilette der Herren auf einige besondere und auch auf normale Toiletten-Äußerlichkeiten der Gesellschaftsmenschen ab; zu diesen Äußerlichkeiten gehört auch die Tracht des Haupthaares und des Bartes. Herren, die früher durch ihre Frisur ein sorgfältig gepflegtes Äußre in der Gesellschaft bekunden wollten, pomadisierten sich in einer nach jetziger Ansicht der vornehmen Welt schrecklichen Weise ein; Herren erstklassiger Eleganz, die dieser Einbalsamierungsmanie verfallen waren und dem Luxus eines hellen Hutfutters frönten, mussten dies gar oft ersetzen lassen. Man brauchte Pomade namentlich, wenn man so fein war, den Scheitel über den ganzen Hinterkopf hinweg bis zum Halse durchzuziehen. Je störrischer die Haare waren, desto mehr Fett – das ist doch im Allgemeinen der Hauptbestandteil der Pomade – war nötig, um

Auch viele Künstler und Gelehrte lassen sich jetzt – zur Freude der Friseure – öfter die Haare schneiden.

auch am Hinterkopf einen Scheitel zu haben und hier die Haare zu beiden Seiten der etwas unästhetisch benamsten Mittellinie in waagerechter Richtung zu erhalten. Schon seit langer Zeit ist man zu der Einsicht gelangt, dass auch betreffs unserer Haare Sauberkeit ein Haupterfordernis äußeren Anstandes ist. Ein durchgezogener Scheitel gilt jetzt im Allgemeinen in der vornehmsten Welt für altmodisch; man pflegt sich sein Haupthaar, wenigstens am Hinterkopf, kurz zu halten. Auch viele Künstler und Gelehrte lassen sich jetzt – zur Freude der Friseure – öfter die Haare schneiden und verzichten auf ihre sogenannte »lange Mähne«, das äußere Kennzeichen ihres Standes. Ein im Pomaden-Glanze erstrahlendes Haupthaar der Herren gilt durchaus nicht mehr für »Klasse 1a«. Man kann ja trotz Pomade sauberer sein als ohne Pomade; leichter ist es aber doch sicher, sich den Kopf rein zu halten, wenn man keine Pomade gebraucht. Die Sauberkeit des menschlichen Körpers, ein Haupterfordernis äußeren Anstandes, macht jeden künstlichen Wohlgeruch, wie ihn manche Pomade erregen soll, überflüssig. Auch aufdringlichen Parfümgeruch in Zimmern oder an Menschen selbst vermeide man; starker Parfümgeruch bietet Anlass zu unliebsamen Rückschlüssen, dass man solche künstliche Mittel nötig hat.

Es ist erreicht!

Es ist erreicht! Dieses »Es«, das man erreicht hat, ist bekanntlich nicht der ewige Völkerfriede, sondern etwas weniger Wertvolles, ein emporstrebender und nicht mehr über die

Oberlippe herabhängender Schnurrbart. Appetitlicher ist es entschieden, wenn die Schnurrbarthaare nicht über den Mund herabhängen. Herren, die mir widersprechen, lade ich — natürlich auf ihre eigenen Kosten — zu Erbsensuppe ein. Wer mit einem langen Schnurrbart paradieren will und über dessen Pflege nicht noch (!) wichtigere Dinge vernachlässigt, der verwende getrost die hierzu nötigen Mittel, nämlich: Brennschere, Bartbinde, Bartwasser usw. Wer diese Manneszierde aber nur in bescheidenem Maße besitzt, oder wer seinen langen Schnauzbart nicht empor richten will, für den wird es vielleicht trostreich sein, dass die Bartmode »Es ist erreicht« abnimmt. Es ist jetzt besonders chic, wenn Herren den Schnurrbart kurz gehalten und zwar mindestens so kurz tragen, dass die Haare beim Essen und Trinken den appetitlichen Menschen, ohne »Es ist erreicht«, auch nicht mehr genieren. Viele Amerikaner und Engländer tragen eben aus diesem Grunde überhaupt keinen Schnurrbart. In Österreich findet man hochvornehme Herren, die aus einem ganz eigenartigen Grunde keinen Bart tragen; es sind dies Herren, die Offiziere bei den Windischgrätz-Dragonern, einem besonders vornehmen österreichischen Regiment, waren. Dieses Regiment wurde seines jugendlichen Aussehens wegen einst spöttelnder Weise mit dem Ausdruck »Milchgesichter« bedacht und zwar vor einer Schlacht, in der es sich dann hervorragend auszeichnete. Die »Milchgesichter« sollten dem Regiment als ehrendes Abzeichen möglichst erhalten bleiben. Auch jetzt noch darf der Windischgrätz-Dragoner keinen Bart tragen. Man kann dies nachlesen im sogenannten österreichischen Militär-Schematismus, auf Reichsdeutsch »Offizier-Rangliste« oder im Offiziers-Munde »Kommiss-Bibel« benannt.

Toiletten-Disharmonien

Wenn nicht auf der feierlichen Einladungskarte zum Mittagessen »Bitte Überrock« vermerkt steht, oder man zufällig weiß, dass die Gastgeber diesen Anzug wünschen, so erscheinen die zum Diner geladenen Herren im Frack mit weißer Binde. Früher bildete der Smoking, diese kurze schwarze Jacke ohne Frackschwänze, eine Art Mittelding zwischen Frack und Überrock und wurde von Vielen statt des Fracks getragen. Herren, die in Toilettenfragen besonders bewandert galten, trugen allerdings früher den Smoking nicht in Gesellschaften, wo auch Damen zugegen waren, sondern ausschließlich in Herrengesellschaften, namentlich zum Mittagessen im Klub. Jetzt ist diese Beschränkung des bequemen Smoking zwar seltener geworden, was übrigens junge Herren von eleganter, schlanker Figur nicht bedauern werden.

Modeberichte über die Gesellschaftstoilette der Herren kann und will ich nicht liefern, noch viel weniger über diejenige der Damen. Aber Einiges, was ich über Geschmacks-richtungen der vornehmen Dame und des Gentleman betreffs Damen-Toilette zu wissen glaube, möchte ich doch verraten. Sich auffällig und chic zu kleiden ist eine Kunst, die nicht jede Dame kann. Wer nicht ganz sicher ist, angenehm durch seine Toilette aufzufallen, der strebe lieber – ob Männlein oder Weiblein – danach, gar nicht aufzufallen. Auffallender und zahlreicher Schmuck reizt zu intensiver Begutachtung und muss dann aber auch durch seine Kostbarkeit oder seine schicke Originalität vor dem Richterstuhl kompetenter Kri-tiker bestehen. Wer durch sein Äußeres möglichst gefallen möchte und z. B. über keine schönen Hände verfügt, der wird klug tun, nicht durch auffallende und zahlreiche Finger-ringe die Aufmerksamkeit der Anderen unnötigerweise auf seine Hände hinzulenken. Großen Anklang hat die Mode gefunden, dass junge Damen der Gesellschaft überhaupt keinen Halsschmuck oder höchstens ein zu ihrer Toilette passendes Band um den Hals tragen. Ein schö-ner Frauenhals bedarf keines weiteren Schmuckes. Oder statt Frauen-Hals möchte ich lieber Fräulein-Hals sagen; denn bei Frauen ist das Tragen von Schmuckgegenständen üblicher als bei unverheirateten jungen Fräuleins; ein wohlhabender

Einfache, unauffällige Toilette, schickes Schuhwerk und schicke Handschuhe.

Gatte muss doch Gelegenheit zu Geschenken an seine bessere Hälfte haben. Auch wer von Damentoilette wenig versteht, wird durch gewisse Disharmonien unangenehm berührt. Eine solche Disharmonie bildet ein schiefer Stiefelabsatz oder überhaupt schlechte Chaussure oder dürftige Handschuhe – wohlgemerkt! – zu einer sonst augenscheinlich kostbaren Toilette, der man anmerkt, ihre Trägerin hat die Mittel und auch den Willen, durch ihr Äußeres besonders zu gefallen. Eine Toiletten-Disharmonie möchte ich es bei Herren nennen, einen Zylinderhut oder irgendetwas Auffallendes wie ein aufdringlich sichtbares Armband oder ein Monokel zu tragen und sonst etwas schäbig oder gar salopp einherzugehen. Durch solche außergewöhnlichen, mehr oder minder auffallenden Einzelheiten tritt ein im Allgemeinen minderwertiges Äußre bedeutend mehr hervor. Die lieblosen Zeitgenossen sagen dann: »Der will Etwas vorstellen, und 's ist doch Nichts!« Ein in der vornehmen Herrenwelt und wohl auch Damenwelt vielverbreiteter Geschmack betreffs Damentoilette ist: Einfache, unauffällige Toilette, schickes Schuhwerk und schicke Handschuhe. Als elegantester Handschuh gilt überall, sei es in Gesellschaft, sei es auf der Straße, der Lederhandschuh; er erfüllt auch am besten den Zweck, die Hand sauber zu halten. Einer Dame, der es in heißer Jahreszeit lästig wird, diesen erhabenen Zweck durch lederne Handschuhe zu verfolgen, die trage eben andere oder überhaupt keine Handschuhe!

Wozu hat man denn Wasser und Seife? Eine Dame, die sich längere Zeit in New York aufgehalten, erzählte mir, dass die vornehmsten Amerikanerinnen tatsächlich in der heißen Jahreszeit ohne Handschuhe auf der Straße gehen.

Das Dekolleté

Bei Hofe ist bekanntlich auch für alte Damen das ausgeschnittene Kleid Vorschrift — eine vielfach angefeindete Hofsitte, die doch auch natürlicherweise den Wünschen mancher Dame durchaus widerspricht. Andererseits aber erscheinen jetzt alte Damen sogar zu größeren Diners in Privathäusern sehr oft dekolletiert. Das ausgeschnittene Kleid gilt für die feierlichste Gewandung; eine Gastgeberin, welche die zarte Rücksicht beobachten will, die geladenen Damen nicht durch ihre Toilette zu überbieten, wird als Frau des Hauses nicht dekolletiert erscheinen, wenn sie dasselbe nicht ganz sicher von allen Gästen — natürlich nur von den weiblichen Gästen — voraussetzen kann. Uns Männern ist ja leider die Mode der lustigen ausgeschnittenen Kleider versagt. Viele leisten sich zum Diner einen ganz besonders hohen

Uns Männern ist ja leider die Mode der lustigen ausgeschnittenen Kleider versagt.

und steifen Kragen und fühlen sich dann — eine harte Strafe
für das bisschen Eitelkeit — oft ganz besonders ungemütlich.
Mancher Biedermann wird schon durch den ungewohnten
Frack in eine unnatürliche, geschraubte Haltung gebracht,
man merkt ihm an, sonst — in fracklosem Zustande — spricht
er sicher anders, benimmt er sich anders. Ein natürliches, sich
überall gleich bleibendes Wesen ist das Haupterfordernis einer vollkommenen Vornehmheit. Der vornehme Engländer —
auch bei uns herrscht in den allerersten Gesellschaftskreisen,
wie im hohen Adel, diese Sitte vielfach — nimmt auch allein
bei sich zu Hause sein Mittagessen in derselben Diner-Toilette ein wie zu einem feierlichen großen Diner; der Frack ist für
ihn nichts Absonderliches, der Engländer bleibt sich immer
gleich, er ist immer »gleich unliebenswürdig und unausstehlich«. Letzteres behaupten wenigstens Viele, die das stolze
Albion nach einigen anormalen Vertretern John Bulls beurteilen, wie solche unseren Kontinent zur alljährlichen Reife-
zeit beglücken.

Revision der eigenen Toilette

Wenn Herren beim Betreten eines Lokales zunächst vor den
Spiegel eilen, dort ihre Krawatte ordnen und ihren Kopf-
scheitel mit eigens dazu mitgebrachten Haarbürsten be-

arbeiten, so ist dies durchaus nicht erstklassiges Benehmen. Beim eleganten und soignierten Gesellschaftsmenschen verschiebt sich die Krawatte nicht, sie ist durch Nadeln in ihrer Lage festgehalten. Auch das Nachbürsten des Haares ist im Verhältnis zu früheren Zeiten schon deshalb weniger gebräuchlich, weil man jetzt kurz oder wenigstens kürzer gehaltenes Haupthaar und auch vielfach kürzer gehaltenes Barthaar trägt, ja sogar vollständig glatt rasiert einhergeht wie Engländer und Amerikaner und – bei uns Deutschen – wie katholische Geistliche und Schauspieler. Wie schon früher erwähnt, ist der Grund für die jetzige größere Haarwuchsbeschränkung das durchaus löbliche Streben nach möglichster Sauberkeit. In langen Haaren fängt sich Staub p. p. leichter. Unter dem »p.« ist bei langen Barthaaren von Herren, die Erbsensuppe oder was anderes genießen, Teilchen der Erbsensuppe oder andere Teilchen von Speise oder Trank zu verstehen. Grade bei einem elegant gekleideten Menschen, ob Herr oder Dame, macht es einen guten Eindruck, wenn er in einem Lokal mit keinem Blick nach dem Spiegel schielt. Man sagt damit, dass man die Gewissheit hat, äußerlich nicht reparaturbedürftig zu sein und dass man sich davon

Beim eleganten und soignierten Gesellschaftsmenschen verschiebt sich die Krawatte nicht.

nicht erst im Spiegel zu überzeugen braucht. Ängstliche Blicke nach dem Spiegel, um zu sehen, ob auch die Herrenkrawatte oder der Damenhut gut sitzt, widerstreben der Bekundung vornehm-wurschtiger Seelenruhe. Befürchtet oder erkennt man aber irgend einen Toilettenmangel, so ist die sogenannte Toilette, in vielen Lokalen auch der besondere Garderobenraum, der geeignetste Ort, den äußeren Menschen zu revidieren und nötigenfalls zu reparieren. In meinem Wirtshausleben tatsächlich gemachte Beobachtungen berechtigen mich dazu, Menschen, die nicht grade auf äußeren Anstand prinzipiell verzichten wollen, dringend davon abzuraten, dass sie in öffentlichen Lokalen vor anderer Augen sich die Fingernägel vermittelst Streichhölzer, Zahnstocher, Federmesser oder sonstiger Instrumente reinigen. Wenn man unappetitlich sein will, so kann man dies schon genügend, wenn man in unappetitlicher Weise den Zahnstocher, entsprechend seinem eigentlichen Zweck, zum Herumstochern in den Zähnen verwendet. Grade für das Reinigen der Fingernägel ist entschieden der Toilettenraum zu empfehlen; mindestens aber hat man eine solche Reinigung, von anderen ungesehen, z. B. im Dunkel der Nacht oder im Dunkel unter dem Tische vorzunehmen. Die fleißige Benutzung einer Nagelbürste, daheim, im trauten Kämmerlein, ist der beste Schutz gegen obige etikettewidrige Reinigungsgelüste.

Herren, die davon nicht lassen können, ihr Kopfhaar beim

Betreten eines Lokals oder vor dem Niedersetzen nachzubürsten, sollen sich wenigstens bei dieser Manipulation fern von anderen Manschen halten, um nicht irgendetwas auf fremde Mitmenschen herabzubürsten, und wenn dies »irgendetwas« auch nur kleine Härchen oder Staubatome sind. Der eigene Rock des Betreffenden ist bei solchem Nachbürsten fast immer dieser Gefahr ausgesetzt, und man müsste eigentlich im Reinlichkeitsinteresse dieses Abbürsten nun vermittelst einer Kleiderbürste, nach unten zu, weiter fortsetzen.

Ausspucken

Eine Unsitte, die besonders im sonnigen Italien Sitte ist, der man aber auch im deutschen Vaterlande – und zwar nicht allein in den unteren Volksschichten – begegnet, ist das unappetitliche Ausspucken. Die Gesundheitsrücksicht verlangt es, dass man sich von Schleimteilen befreit, aber der äußere Anstand gebietet es, dass man dies in keiner ekelerregenden Weise tut. Im Freien darf man mit solchen Auswürfen nicht Promenadenwege oder das Trottoir verunzieren. In Lokalen wird man hierzu die Toilette aufsuchen oder wenigstens einen Spucknapf in einem Winkel des Lokales verwenden. Der Formenmensch wird diese Expektorationen möglichst leise vornehmen. Wer aber auf seinem Platze bleiben will und dabei auf möglichst gutes äußeres Benehmen Wert legt, der gebrauche sein Taschentuch und möglichst unauffällig, also leise und ruhig, etwa, wie wenn er das Taschentuch für seinen Gesichtserker, für die Nase, verwenden wollte. Besichtigungen des Auswurfes im Taschentuche – grolle mir nicht lieber Leser, denn ich habe derartiges gesehen und darf es deshalb erwähnen – Besichtigungen des Auswurfes im Taschentuche, selbst wenn man zufällig Arzt und als solcher hierzu berechtigt wäre, hat man ausschließlich unter zwei Augen, den beiden eigenen allein, vorzunehmen, wenn oder wo man allein ist. Kulturfeindliche Naturmenschen, denen keines der für Expektorationen empfohlenen Mittel und Wege zusagt, nun – der ziele wenigstens gut und zwar nicht auf, sondern neben die Stiefeln seines friedlichen Nachbars.

In allen Lebenslagen:
Verschiedenes

Trauerzeiten

»Wie lange sollte man trauern um einen nahen Verwandten,
um die Ehefrau, einen Bruder oder eine Schwester? Welches
ist der Traueranzug für einen Mann?« – Die Trauer im Herzen
lässt sich weder kontrollieren noch kommandieren! Sie wird
empfunden, und sicher von Manchem länger und intensiver,
der sie äußerlich in geringem Maße und kürzere Zeit markiert. Also die Anfrage betrifft natürlich nur die äußere Trauer. Um den Gatten oder die Eltern verlangt die Etikette mindestens eine Trauer von einem
Jahr, um Schwester oder Bruder
wohl mindestens eine solche von
einem halben Jahr. Bei entfernte-
ren Verwandten lassen sich selbst
allgemein gehaltene Regeln

*Die Trauer im Herzen lässt
sich weder kontrollieren
noch kommandieren!*

schwer aufstellen. Je näher Jemand dem Verstorbenen ge-
standen, oder auch oft zu je größerem Danke er ihm verpflichtet ist, eine um so längere Trauerzeit des Leidtragenden
wird man auch äußerlich für angemessen erachten. Aber man

soll nie voreilig Jemanden verurteilen, der sich an die übliche Trauerzeit nicht bindet. Vielleicht glaubt er trotz wahrer innerer Trauer im Sinne des Verstorbenen zu handeln, wenn er weniger mit äußerlicher Trauer paradiert. Manchem mag wohl auch äußere Trauer nur dazu dienen, um bei seiner Umgebung den Verdacht eines nur geringen Quantums innerer Trauer nicht aufkommen zu lassen.

Die notwendigsten Trauerabzeichen des Mannes sind schwarze Florstreifen um Ärmel und Hut; in zweiter Linie kommen dann schwarze oder mindestens dunkle Krawatte und Handschuhe, und endlich, je nach den Beziehungen zum Verstorbenen oder je nach der seit dem Tode verflossenen Zeit, ein schwarzer oder mindestens dunkler Anzug.

Anfrage: »Wie lange trauert man um seine Schwiegermutter?«

Bevor ich eine ernste Antwort hierauf gebe, möchte ich berichten, dass ich weder Zeit noch Kosten gescheut habe, um auf diese Frage sofort persönlich zu antworten, ging diese Anfrage doch von meinem baumlangen alten Freunde R. aus. Meine gelbe Postkarte mit den Worten »Kleiner Schäker« als Antwort ist sicher eingetroffen; unsere Deutsche Post ist ja die gewissenhafteste auf der ganzen Welt.

Die armen Schwiegermütter! Auch schon die lebendigen bedauere ich — wie setzen ihnen allein die »Fliegenden Blätter« zu! Eigene Erfahrungen habe ich noch nicht aufzuweisen; aber da ich es unternommen, über die Etikette zu schreiben, so glaube ich natürlich auch etwas davon zu verstehen und glaube speziell auch mit jeder Schwiegermutter auskommen zu können, sogar mit einer eigenen (in spe!). Mein Rezept würde sein: Bestimmtheit und Höflichkeit. Und zwar letztere in einer im Verhältnis zur ersteren immer größeren

Die armen Schwiegermütter!

Dosis. – Doch zurück zum Thema. Fassen wir die Anfrage ernst auf! Wenn man seine Frau lieb hat, so wird man schon ihretwegen um die Schwiegermutter trauern wie um seine eigene Mutter – wenn nicht etwa – doch halt! Kein Wort weiter! Erst wenn ich mal die Bekanntschaft meiner eigenen Schwiegermutter gemacht haben sollte, will ich mich über dies Thema weiter auslassen!

Höflichkeit in der Familie

Wer Anspruch erhebt, für vornehm zu gelten, der muss die Regeln der guten Sitte gerade auch seinen nächsten Angehörigen gegenüber beachten. Der Mann sei auch stets der Ritter seiner Frau und unterlasse ihr gegenüber nicht jene alltäglichen Aufmerksamkeiten, welche der Herr einer Dame überhaupt zu erweisen pflegt. Oben erwähnte ich den Fall, dass eine junge Dame den eigenen Eltern den Herrn, mit dem sie getanzt hat, vorstellt. Die eigenen Eltern sind für sie die höher Stehenden im Verhältnis zum Herrn. Die Hochachtung vor ihnen auch in der Gesellschaft, also hier in der Art des Vorstellens, zum Ausdruck zu bringen, gehört zum guten Ton. Zuerst wird sich die Dame mit ihrem Begleiter an ihre Mutter und dann an ihren Vater wenden in höflichem Ton und mit höflichen Worten, etwa: »Du erlaubst, Mama, dass ich Dir Herrn M. vorstelle!« oder »Papa, Herr M. bittet darum, Dir vorgestellt zu werden!« Der vornehme Mensch bleibt sich gleich. Der vornehme Mann hebt nicht nur der fremden Dame in der Gesellschaft den ihr entfallenen Gegenstand auf, sondern auch zu Hause der eigenen Mutter, Frau oder Schwester, selbstverständlich – und der erst recht – auch der eigenen Schwiegermutter, sogar einer bösen; dieser Letzteren gegenüber wird Höflichkeit auch diplomatisch sein, ein Schutzwall gegen drohende Attacken. Der Vater, der den Anforderungen der Etikette entsprechen will, wird auch in der erwachsenen Tochter stets

Wer Anspruch erhebt, für vornehm zu gelten, der muss die Regeln der guten Sitte gerade auch seinen nächsten Angehörigen gegenüber beachten.

die Dame ehren, umso mehr, wenn dieselbe bereits ein älteres Fräulein oder verheiratet ist.

Manchmal wird der Herr, der eine Dame bittet, ihn ihren Eltern zu präsentieren, den Bescheid erhalten: »Meine Eltern sind zu Hause geblieben, mich chaperonniert heute Frau v. L.« Chaperon und chaperonnieren sind französische Modeworte, mit denen gern paradiert wird. Chaperon heißt eigentlich Käppchen, dann aber auch Anstandsdame, Begleiterin; und eine junge Dame chaperonnieren heißt, sie als Anstands- dame – stellvertretende Mutter – begleiten. Einer solchen Frau v. L., dem Chaperon der jungen Dame, wird sich ihr Tänzer tunlichst auch vorstellen lassen, wenn dies auch nicht in dem Maße erforderlich ist, wie gegenüber der eigenen Mutter der Dame.

Blumen von der Dame für die Dame

Anfrage: »Wenn eine Schauspielerin und Mitglied einer Som- merbühne, die mehrere Wochen in einer Stadt bleibt, von einer Dame daselbst, die ihr im Übrigen fremd ist, aber großes Interesse für sie hat, Blumen be- kommt, ist es da Sitte, oder wür- de es ihr geziemen, die Blumen anzunehmen? Wenn es ihr gestattet ist, wann und wie darf das geschehen?«

Eine unnatürliche Handlungsweise ist auch unvornehm.

Es würde vollkommen in der Ordnung sein, wenn sie in dem Falle einen Danksagungsbrief für die Blumen schickt, es würde im Allgemeinen nach den Regeln der Etikette unkorrekt sein, wenn sie eine solche Freundlichkeit nicht annimmt.

Natürliches Taktgefühl und der gesunde Menschenverstand sollen auch dafür maßgebend sein, wie man sich in Sachen der Etikette zu verhalten hat. Eine unnatürliche Handlungsweise ist auch unvornehm. Es ist aber unnatürlich, sich einer beabsichtigten Wohltat gegenüber undankbar und ablehnend zu verhalten. Wenn aber besondere Gründe die Ablehnung eines Geschenkes geboten erscheinen lassen, so soll man doch wenigstens die gute Absicht des betreffenden Gönners dankbar anerkennen.

Prosit Neujahr!

Zwei Zuschriften berühren das zurzeit aktuellste Thema, die Neujahrsgratulationen.

Prost Neujahr! so rufe ich unseren Lesern zu und speziell meinen Lesern, denjenigen meiner Etikettefragen. Den Leserinnen gegenüber verhalte ich mich zartfühlender und entbiete ihnen statt der Zusammenziehung »Prost« den Neujahrsgruß »Prosit Neujahr!« Das gilt zwar auch noch als burschikos – aber nach meiner Ansicht: mit Unrecht.

»Prost« erinnert an den Biertisch; also in die Abneigung zart besaiteter oder alkoholfeindlicher Menschen gegen dies Wort könnte ich mich schließlich hineindenken, wenn ich mir große Mühe gäbe. Aber das lateinische Wort »prosit« heißt, es möge nützen, und mit »Prosit Neujahr« spreche ich deshalb den Wunsch aus »Möge das neue Jahr Gutes bringen.« Also ich bleibe dabei: »Prosit Neujahr, meine Damen!« Dieser Gruß ist kürzer und inhaltsreicher, als wenn ich Ihnen meine gehorsamsten Glückwünsche zu Füßen lege. Noch feierlicher und ehrerbietiger sind dann nur noch »untertänigste« Glückwünsche. Ich bin ein Gegner der Neujahrs-Glückwünsche oder vielmehr nur ein Gegner der schriftlichen Äußerung derselben. Denn im Herzen Glück wünschen soll man seinem Nächsten stets, also auch fürs neue Jahr; aber man braucht sein Herz nicht auf der Zunge oder auf der Schreibfeder zu haben. Wie viele Müllers gratulieren Schulzens nur aus dem einzigen Grunde zum Neujahr, weil ja auch die Schulzens den Müllers gratulieren. Vielleicht würden die Beziehungen beider Parteien wesentlich inniger, wenn die eine Partei den der anderen unter Umständen höchst willkommenen Vorschlag machte, sich den schriftlichen Ausdruck von Neujahrs-Empfindungen gegenseitig zu schenken.

Viele kaufen sich ja auch jetzt von der vermeintlichen Verpflichtung der Neujahrs-Gratulationen durch Zahlungen für einen wohltätigen Zweck los. Das ist eine ganz gesunde und deshalb keineswegs etikettewidrige Idee, wenn sie auch einen etwas spießerlichen Eindruck macht. Aber ein gutes Werk ist es ja auch, unsere vorzügliche Reichspost möglichst viel verdienen zu lassen. Also immer drauf los gratuliert! Man braucht ja nicht gerade seine ganz besonderen Glückwünsche Demjenigen ausdrücken, der einem ganz besonders unausstehlich ist. Trotz meiner Abneigung dagegen im Allgemeinen versende ich auch einige Neujahrs-Gratulationen aber in knappen Worten an nur Wenige, von denen ich weiß, dass

Also ich bleibe dabei:
»Prosit Neujahr, meine
Damen!«

sie meinen Glückwunsch nicht als gedankenlose Formensache auffassen. Aber gerade für diese Wenigen reicht dann das kurze »Prosit Neujahr« aus. Dadurch, dass diese Gratulation bei vielen Formenmenschen als verpönt gilt, erscheint sie mir weniger phrasenhaft als die allgemein üblichen »herzlichen oder herzlichsten Glückwünsche«. Wenn ich Fernerstehenden überhaupt schriftlich gratulierte, würde ich mich natürlich – der Etikette gemäß – auch zu ergebensten oder gehorsamsten Glückwünschen versteigen. Triftige Gründe zu schriftlichen Neujahrs-Gratulationen hat jedenfalls der, der dadurch den Wünschen oder Erwartungen der Adressaten entspricht oder der es für angezeigt hält, ein Lebenszeichen von sich zu geben oder die Neujahrs-Gratulation auch nur als ein Mittel anwendet, um in der erhofften Antwort ein Lebenszeichen von Anderen zu erhalten. Es kommt allerdings auch vor, dass diese Anderen weder tot sind, noch antworten. Das ist dann zwar apart, aber etikettewidrig. Wer nicht gerade in großer Anzahl Gratulationen zu erlassen hat, für den finde ich es netter, die doch meist nur wenigen Worte selbst zu schreiben, als sich seine Gefühlsausdrücke lithographieren zu lassen. Doch ich muss milde hierüber urteilen, denn ich lasse mir ja in meiner heutigen Etiketten-Plauderei meinen Glückwunsch an unseren Leserkreis auch drucken, meinen Glückwunsch: »Prosit Neujahr!«

Verhalten bei Zeremonien Andersgläubiger

Zuweilen hörte ich Protestanten ihre Besorgnis vor dem Betreten katholischer Kirchen aussprechen, sie wüssten nicht, wie sie sich bei den vielen, für sie unverständlichen Zeremonien während eines katholischen Gottesdienstes zu benehmen hätten. Für Touristen, welche sehenswerte Gotteshäuser besichtigen, auch z. B. für kommandierte Offiziere oder geladene Hochzeitsgäste, kann der Fall eintreffen, dass sie andersgläubige Gotteshäuser betreten und dort auch gottesdienstlichen Handlungen beiwohnen. Gebildete Menschen, ob Christ oder Jude oder sonst etwas, werden bei solchen Gelegenheiten durch ihr peinlich geräuschloses und sonstiges tadelloses Verhalten ihre Achtung vor fremdreligiösen Gebräuchen bekunden. Die höchste Achtungsbezeugung wäre die, dass man sich bei besonders feierlichen Momenten einer gottesdienstlichen Handlung vom Platze erhebt. Mehr, etwa ein Nachahmen unverstandener religiöser Gebräuche, wäre unverständig und unwürdig. Nur unverständige Menschen könnten solches verlangen; und diese sollen einem nicht maßgebend sein. In katholischen Gegenden hört man oft über das Benehmen Andersgläubiger bei Prozessionen klagen. Zuweilen entspringen solche Klagen einer übertriebenen Reizbarkeit; berechtigt sind sie natürlich dann, wenn absichtliche Nichtachtung oder augenscheinliche Verhöhnung vorliegt. Aber auch dann sollte tiefe Frömmigkeit von ihrem Standpunkt aus eher Mitleid mit dem Bildungsmangel der Betreffenden als Zorn empfinden.

> *Die höchste Achtungsbezeugung wäre die, dass man sich bei besonders feierlichen Momenten einer gottesdienstlichen Handlung vom Platze erhebt. Mehr, etwa ein Nachahmen unverstandener religiöser Gebräuche, wäre unverständig und unwürdig.*

Benehmen im Theater und Konzert. Zuspätkommen

Allgemein verbreitet ist die Entrüstung über das Zuspätkommen des Publikums in Konzerte und Theater, und zwar deshalb, weil so wenige imstande sind, mit rücksichtsvollem Anstande, das heißt so geräuschlos zu spät zu kommen, dass die pünktlichen andächtigen Zuhörer auch nicht im Geringsten gestört werden. Wer diese Kunst, die Kunst wirklich absoluter Geräuschlosigkeit beim Zuspätkommen, beherrscht, der darf sich dies natürlich getrost leisten; er hat ja dann höchstens allein Nachteil davon durch die Versäumnis des Anfanges. Sehr wichtig ist es, dass die angestellten Schließer der Theatertüren dazu erzogen sind, ihres Amtes in geräuschloser Weise durch ganz langsames und vorsichtiges Öffnen und Schließen der Türen zu walten. Bei Opern herrscht vielfach die durchaus gerechtfertigte Sitte, Publikum, das während der Ouvertüre erscheint, erst nach Schluss derselben in den Theaterraum hineinzulassen. Ebenso wird bei Konzerten vielfach das zu spät kommende Publikum erst immer nach Schluss eines Liedes oder einer Musikpieze in den Konzertraum zugelassen. Inhaber von Parkett- oder Parterreplätzen, die zu spät kommen, haben bis zum nächsten Fallen des Vorhanges oder bis zur nächsten Konzertpause im Gange geräuschlos stehen zu bleiben oder sich auf freie Eckplätze zu setzen, aber auf keinen Fall das bereits anwesende Publikum durch ihr Hindurchzwängen in schmalen Sitzreihen bis zu ihren Plätzen zu belästigen. Das Gehen in den schmalen Sitzreihen hat natürlich in der Weise zu erfolgen, dass man dem Publikum in dieser Sitzreihe sein Gesicht zuwendet und nicht seinen – Rücken. Ist wegen zu großer Körperfülle des Herrn A. oder der Frau B. oder – zartfühlender ausgedrückt – wegen zu kleinem Zwischenraum zwischen den Sitzreihen beim Hindurchzwängen eines Passanten ein Wiederaufstehen dieses oder jenes von dem bereits sitzenden Publikum nötig, so wird eine solche Unbequemlichkeit weniger hart empfunden werden durch verbindlich dankende Worte oder Miene des betreffenden Passanten. Eine kleine Verbeugung oder ein »Danke sehr« kostet nichts und wirkt versöhnend. Aber wie du mir, so ich dir! Natürlich, nur ganz ausnahmsweise, ist dieser Grundsatz zu empfehlen. Einen etwaigen wütenden Blick eines in all seiner Breite dasitzenden Individuums wird man unter Umständen mit der eisigen Miene kalter Höflichkeit und den Worten begegnen »Es tut mir leid, aber ich muss Sie bitten aufzustehen, um auf meinen Platz gelangen zu können«. Was ich schon mehrfach über umständliches lautes Begrüßen und phrasenhaften Wortschwall auf der Straße, beim Eintritt in eine Gesellschaft oder ein öffentliches Lokal äußerte, gilt natürlich auch für Theater und Konzerte und ist hier zumal, wenn die Aufführung bereits begonnen hat, ein ruchloses Etiketten-Verbrechen. Von einem berühmten Schauspieler, der sich eben etwas erlauben durfte, erzählt man Folgendes: Als er auf einer Provinzialbühne in einem kleinen Badeorte einst gastierte, habe er, belästigt durch eine Begrüßungsszene im Zuschauerraum während der bereits begonnenen Vorstellung, mitten im Satze abgebrochen und mit eigenartig verbindlichem Lächeln zum Publikum geäußert: »Ich bedauere, aber es liegt in meiner Rolle, grade jetzt so laut schreien zu müssen, wo sich die Herrschaften im Zuschauerraum grade begrüßen wollen. Damit Sie sich verstehen können, werde ich einen Augenblick pausieren.« Die hierbei beteiligten Damen – es waren die Frau Reitende Revierförster A. und die Frau Geheime Steuer-Auskultator B. – haben sich, so erzählt die geschwätzige mündliche Chronik jenes Badeortes, seit dieser Zeit nur immer kurz und flüchtig begrüßt.

Unsitten des Publikums im Theater oder im Konzert während der Aufführung sind lautes Räuspern, Husten, Knistern mit dem Theaterzettel oder Textbuch beim Umwenden. Skatdreschen im Publikum während einer Opernaufführung habe ich bis jetzt noch nicht erlebt, wohl aber lautes Schnarchen. Wer Husten hat, bleibe daheim; wer schlafen will und dabei schnarcht, gelange zu der Einsicht, dass er dies zu seinem eigenen Wohlbehagen und demjenigen

Wer Husten hat, bleibe daheim.

217

seiner Mitmenschen noch bei weitem besser im Bett als im Theater oder Konzert machen kann.

Hüte im Theater

Der Damenhut dient im Allgemeinen als Dekorationsstück, denn die Dame schützt den Kopf schon durch die Masse ihrer Haare. Bekanntlich ist das Wort »ihrer« nicht immer gleichbedeutend mit »ihrer eigenen«. Bei Herren hat der kurz geschorene oder kahle Kopf den Vorteil, dass man unmöglich in den Verdacht kommen kann, falsche Haare zu tragen.

Entschiedenheit und Höflichkeit lassen sich wohl vereinigen. Durch die Kunst, trotz höflicher Worte, sozusagen »recht deutlich« zu werden, erreicht man mehr als durch biedere, aufbrausende Grobheit.

Das Wohlgefallen an dem Anblick eines geschmackvoll behüteten Damenkopfes wird einem gar sehr vergällt, wenn ein solcher Aufbau, oft von gehörigen Dimensionen, einem den freien Ausblick auf die Bühne versperrt. Im Parkett unserer Theater und Konzertlokale, wo dieser Missstand eintreten würde, müssen deshalb die Damen fast überall ihre Hüte in der Garderobe zurücklassen. Wo dies nicht geschieht, aber nach den äußeren Umständen doch angebracht wäre, müsste das Publikum in entschiedener und höflicher Weise Einspruch erheben. Entschiedenheit und Höflichkeit lassen sich wohl vereinigen. Durch die Kunst, trotz höflicher Worte, sozusagen »recht deutlich« zu werden, erreicht man mehr als durch biedere, aufbrausende Grobheit.

In unseren vornehmen Varieté-Theatern sieht man jetzt meist, dass die elegante Herrenwelt ebenfalls die Kopfbedeckung, also auf den ersten Plätzen meist den Zylinder, aufbehält. Ich halte dies nur für gerechtfertigt, wenn man ohne Kopfbedeckung frieren würde. Ich habe den Verdacht, die meisten Herren behalten die Angströhre, den Zylinder, nur auf, weil dies eben für »smart« oder für »grobe Klasse« gilt, oder wie die Modeausdrücke für das bereits zu vulgär gewordene Wort »schick« sonst heißen mögen. Wenn der Zylinder auf dem Kopfe in einem geschlossenen Raum lästig ist und wer ihn trotzdem, ein Sklave seiner Feinheit, aufbehält, der verdient so intensive Kopfschmerzen von seiner Dunströhre davonzutragen, bis er den heldenhaften Mut findet, die törichte Nachäffung einer ungesunden und für das dahinter sitzende Publikum unbequemen Mode zu unterlassen. Wenn man aber durchaus durch Aufbehalten der Kopfbedeckung glaubt, den sogenannten »feinen Hund« herausbeißen zu müssen, so sollten einflussreiche Elegants, die Zeit zu solchen Beratungen und Erfindungen haben, für Bühnenräume statt des Zylinders etwas einführen, das den freien Ausblick des Publikums der hinteren Plätze auf die Bühne zu weniger hindert, als der Helm des Zivilisten, der Zylinder.

In meiner letzten Plauderei sprach ich über das Aufbehalten von Damenhüten und Herrenzylindern. Eine Zuschrift aus dem Leserkreise gibt mir als wohl bemerkenswerten Grund für das Aufbehalten von Herrenzylindern in unseren Varieté-Theatern das Mangelhafte vieler Garderobenablegestellen an; diese wären oft so eng, dass die Sachen, namentlich Hüte, die man dort abgibt, leicht gedrückt würden. Deshalb nehme man den Zylinder, der im neuen oder frisch gebügelten Zu-stande eine besonders zarte Behandlung verlange, gern mit in das Lokal hinein. Da es langweilig sei, den Zylinder in der Hand zu halten, so setze man ihn auf. – Also der Kopf und der damit verwachsene menschliche Körper dient dann als Kleiderständer! Ein Unglück bleibt es darum doch für die Hinterleute, wenn ein solcher männlicher Körper, nach oben zu durch den hohen Zylinder verlängert, die Aussicht nach der Bühne versperrt. Einfacher und naheliegender ist es, für das Garderobengeld eine sorgfältige Behandlung der Gar-derobe, auch des etwa abgegebenen wenig widerstandsfähigen Damenhutes und des tadellos glänzenden Herrenzylinders zu verlangen. Übrigens glaube ich, dass diesem Verlangen in der Tat auch fast allgemein entsprochen wird.

Diverse Eigenheiten des Publikums

Noch einige Eigenheiten, die man hin und wieder am Theater- und Konzert-Publikum beobachten kann, möchte ich erwähnen.

Im Grunde genommen sehr harmlos, aber doch, namentlich für nervöse Nachbarn oder Hinterleute, zuweilen störend ist in Konzerten das Markieren der musikalischen Begeisterung durch das Nicken des Kopfes nach dem Takt der Musik oder, noch störender, durch taktmäßiges Bewegen von Händen und Füßen.

Wenig taktvoll ist ein lautes abfälliges Kritisieren in Theatern und Konzerten während der Zwischenpausen. Man drängt dadurch, ungefragt, dem Publikum in der nächsten Nähe seine eigene Meinung auf und verleidet Manchem die Freude, die er bisher – vielleicht für sauer verdiente Spargroschen – an dem Gesehenen oder Gehörten empfand.

Viele können in ihren Beifallsbezeugungen nicht Maß halten, sie klatschen so laut und andauernd, als wenn sie ein Freibillett erhalten hätten und dafür ihre Dankbarkeit bekunden wollten. Namentlich bei oder nach ergreifenden Theaterszenen kann man durch wüstes Beifallklatschen in seiner nächsten Nähe in störender Weise aus seiner gehobenen Stimmung herausgerissen werden. Am besten wartet man mit seinem Beifall bis zum Ende des Stückes oder wenigstens bis zum Ende eines Aktes.

Lauter Beifall beim Abtreten eines Schauspielers während eines Aktes, also wenn das Spiel noch weiter geht, stört den Fortgang des Stückes und beeinträchtigt die Phantasie der Schauspieler und noch mehr die meist weniger konzentrationsfähige Phantasie des Publikums.

Am Garderobentisch in Theatern und Konzerten

Am Garderobentisch in Theatern und Konzertsälen sollte das Publikum sowohl beim Abliefern als namentlich nach der Vorstellung beim Entnehmen der Bekleidungsstücke möglichst kurze Zeit vor dem Garderobentische stehen bleiben. Es ist für Jedermann, sowohl seiner selbst als auch des lieben Nächsten wegen, bequemer, vor der Vorstellung an einer freien Stelle abseits des Garderobentisches abzulegen und dann erst die Sachen in der Hand zu ihrer Abgabe an den Garderobentisch zu bringen. Ebenso ist es bequemer, nach der Vorstellung, wo doch alles zu fast gleicher Zeit an den Garderobentisch zu drängen pflegt, die Sachen nur in Empfang zu nehmen, sich dann aber nicht am Garderobentische anzukleiden, sondern den Zugang für die Anderen sofort frei zu machen und sich abseits des Garderobentisches eine leere Stelle auszusuchen,

wo man die zum Ankleiden erforderlichen Armbewegungen –
beim Anziehen von Überschuhen auch Beinbewegungen –
ausführen kann, ohne andere zu belästigen und – egoistische
Gründe sind meist noch einleuchtender – ohne von Anderen
bei den erwähnten Freiübungen belästigt zu werden. Die
Bedienung an den Garderobentischen sollte angewiesen sein,
nötigenfalls an das Publikum die Aufforderung zu richten:
»Bitte von dem Garderobentisch mit den Sachen weiter zu-
rückzutreten«. Auch wären vielleicht Plakate mit einer derartigen Aufforderung zweckdienlich. Ebenso zweckdienlich
und doch so leicht zu beschaffen – »Sieh', das Gute liegt so
nah'!« – wären in den Korridoren solcher öffentlichen Lokale
bei genügendem Raume schmale leere Tische, oder andere
Vorrichtungen, um die Garderobenstücke darauf legen zu
können bei dem Aus- und Ankleiden, auch einzelne Stühle
für ältere Herrschaften! In engen Räumlichkeiten sollte man
wenigstens, statt Tische und Stühle, Garderobenständer aufstellen oder allermindestens Kleiderriegel oder Aufhängeha-
ken an den Wänden anbringen.

Wer am Garderobenschalter seine Sachen empfangen hat,
soll nach der Seite kehrt machen oder abgehen, auf welcher
er den Arm frei und nicht mit Kleidungsstücken belastet
hat, um die Umgebung wenig zu belästigen. Man denke sich
das Unheil, am Garderobentisch seine Überschuhe erhalten
zu haben, diese in der rechten Hand zu halten und nun bei

einer plötzlichen Drehung nach rechts mit dem an den Überschuhen oder auch am Stock oder Schirm haftenden Straßenschmutz eine Nachbarin oder einen Nachbar anzustreichen. Wenn man in diesem Falle links um kehrt macht, so hat die linksstehende Umgebung Zeit, einer Berührung mit der beladenen rechten Seite des Kehrtmachenden auszuweichen. Folgende Verse aus dem Gedicht »Eine Anstandsstunde« beziehen sich zwar auf das Verhalten am Esstisch; aber sie sind vielleicht noch beherzigenswerter für das Verhalten im Gedränge am Garderobentisch: »Herrscht an dem Tische große Enge – Dann mache man sich möglichst schmal! – Aus Artigkeit wird im Gedränge – Sogar der Elefant zum Aal!« Nur wende und winde man sich im Gedränge nicht zappelnd wie ein Aal, sondern langsam und mit vornehmer Ruhe. Wer Zeit hat, wird praktischer Weise nach beendeter Vorstellung im Theater- oder Konzertraum noch so lange zurückbleiben, bis es am Garderobentisch leerer geworden ist und die Korridore von jenen hastigen Menschen frei sind, die einer begründeten Zeitersparnis wegen, oder aus Nervosität am Schluss einer Vorstellung ein förmliches Wettrennen nach ihrer Garderobe veranstalten.

Wer am Garderobenschalter seine Sachen empfangen hat, soll nach der Seite kehrt machen oder abgehen.

In der Hochbahn

Über die wichtige Verkehrspflicht, überall Passagen und Zu-
gänge möglichst schnell frei zu machen, habe ich mich bereits
ausführlich ausgesprochen; meine jüngsten Erlebnisse auf
unserer herrlichen Berliner Hochbahn und am Garderobentische in Theatern und Konzert-Etablissements veranlassen
mich, meinen früheren Auslassungen noch einiges zuzufügen.

Die Schnelligkeit im Verkehr der Hochbahn muss das Publikum beim Ein- und Aussteigen nach Kräften unterstützen.
Wer aussteigen muss, suche sich kurz vor dem Halten des
Hochbahnwagens in die Nähe des Ausganges zu begeben, indem er sich mit erhobenem Arm an der hierzu an der Decke
angebrachten Vorrich-
tung festhält. Kleinere
Herren und Damen wer-
den sich an den senk-
rechten Messingstangen
festhalten. Der gesunde
Menschenverstand er-
fordert es, dass das Aus-
steigen zuerst zu erfolgen hat, um so für neu einsteigende
Fahrgäste möglichst Platz zu schaffen. Namentlich bei starkem Verkehr müssen die Einsteigenden, wenn sie keinen Sitz-

> *Der gesunde Menschenverstand
> erfordert es, dass das Aussteigen
> zuerst zu erfolgen hat, um so
> für neu einsteigende Fahrgäste
> möglichst Platz zu schaffen.*

platz mehr finden können, möglichst schnell und weit in der Richtung auf die Mitte des Hochbahnwagens vorgehen. Der Gesellschaftsmensch, auch der herkulisch Veranlagte, wird hierbei nur in äußerster Not gewaltsam drängen, er wird es zunächst mit friedlichen Mitteln versuchen, z. B. mit den Worten »Bitte, noch etwas weiter zu gehen!« Diese oder eine ähnliche Aufforderung wird man nach den Umständen sowohl durch den Ton der Stimme als auch durch geschmackvolle Beiworte, wie »freundlichst«, »gütigst« noch höflicher zu gestalten suchen. Das höchste Maß von Höflichkeit bei einer solchen Bitte ist wohl folgende Fragestellung, z. B. »Würden Sie die Gnade haben, usw.?« Diese Wortfassung ist in der vornehmsten Welt sehr gebräuchlich, z. B. bei großem Alters- oder Rangunterschied oder namentlich im Verkehrston eines jungen Herrn mit einer altehrwürdigen Dame. Viele Herren halten den Ausdruck »Gnade« nur in diesem letzteren Falle für zulässig und markieren ihre Ergebenheit gegenüber bedeutend älteren oder höher gestellten Herren durch Ausdrücke wie »Güte« oder »große Güte«. Aber es geht natürlich überhaupt, auch altehrwürdigen Damen gegenüber, ohne »Gnade«; und wer auch in nebensächlichen Dingen, wie in Höflichkeitsphrasen, den Standpunkt des freien und stolzen Mannes wahren zu müssen glaubt, hat natürlich von diesem Standpunkt auch Recht, wenn er selbst die älteste weibliche Exzellenz nicht um diese oder jene »Gnade« bittet.

Schlussworte

Für Interessenten, das heißt Solche, die auch äußerlich möglichst vornehm sich benehmen wollen, ist alles dieses doch er-
wähnenswert. Aber in hohem Grade engherzig und ungerecht
ist es, seine Mitmenschen nach diesem oder jenem Mangel an
guten Formen beurteilen zu wollen. Wer nach schlechten oder
guten äußeren Gewohnheiten und Manieren eines Menschen
auf seinen inneren wahren Wert schließt, wird sich gar oft
irren und seinen Nächsten oft zu niedrig oder zu hoch in der
Beurteilung seines wahren inneren Wertes einschätzen.

Nachwort des Herausgebers

Etikette-Plaudereien. Von Eustachius Graf Pilati von Thassul
zu Daxberg. Aus dem Jahre 1904. Ich weiß nicht mehr genau,
was es war — der auffällige Name, der Titel oder das Erscheinungsjahr —, das primär meine Neugier weckte, als ich bei
der Recherche für mein Buch ›Höflichkeit. Vom Wert einer
wertlosen Tugend‹ in einer Fußnote zum ersten Mal auf die
Etikctte-Plaudereien stieß. Aber die Neugier war geweckt,
und ich besorgte mir das Buch — wenn auch mit gemischten
Gefühlen. Um ehrlich zu sein erwartete ich mir wenig. Ein
Graf mit einem etwas übertrieben, fast schon erfunden klin-
genden Namen schreibt unter einem leicht gestelzten Titel im
Fin de Siècle über die Etikette, die ich ohnehin in Abgrenzung
zur Höflichkeit nicht so besonders hochschätze. Am ehesten
hoffte ich auf ein paar Zitate oder gar abschreckende Beispiele
für überkommene Etikette. Wie man sie etwa in den Benimm-
büchern der 50er Jahre findet, vielleicht noch schlimmer: so
etwas wie enge Vatermörder-Krägen des Benehmens, Krägen,
in denen man fast erstickt.

Wie sehr ich mich dabei getäuscht hatte, bemerkte ich
schnell, als ich ein paar Tage später einen liebevoll auf-

gemachten kleinen Band in Händen hielt, aufblätterte und zu lesen begann. Zwar verwirrte die nachgerade willkürliche Folge von Themen ein wenig, aber dafür wurde ich laufend mit überraschenden Formulierungen entschädigt. Die meisten davon auch noch ausgesprochen amüsant.

Wenn Pilati etwa auf die Frage, wie man seine Lehrerin und seinen Lehrer zu verschiedenen Tageszeiten begrüßen soll, rät:

> »Man sage nie und nimmer des Abends zu seinem Lehrer: ›Guten Morgen, Fräulein X‹ und nie des Morgens zu seiner Lehrerin: ›Guten Abend, Herr Z.‹; denn man könnte für krank oder mindestens zerstreut – ja unter Umständen für boshaft gehalten werden. Zum Beispiel, wenn der Lehrer etwa ein zartes, weibisches Äußere, oder die Lehrerin etwa einen Schnurrbart hat!« (S. 31)

Oder wenn Pilati seine Antwort auf die Frage »Darf man Gemüse mit dem Löffel essen?« mit den Worten einleitet: »Zuchthaus, Gefängnis oder überhaupt irgend eine Strafe steht nicht darauf, wenn man es tut.« Andererseits hat er wenige Zeilen davor detailliert ausgeführt, woher die Etikette-Regel, Gemüse, besonders Kartoffeln und auch Obst, nicht mit dem Messer zu berühren, käme: Weil Messerklingen überwiegend aus Stahl bestünden, könnten diese Speisen einen unangenehmen Geschmack entwickeln. Was zumindest, so meint Pilati, für Menschen wichtig sei, die »eine derartig zart besaitete Zunge« hätten. (S. 123)

Natürlich könnte man Sprache, Wortwahl und Tonfall als manieriert bezeichnen, vielleicht sogar ein klein wenig eitel und herablassend, wie schon die Überschrift des Vorworts »Meinen geneigten und nicht geneigten Lesern!« und dann dessen erster Satz nahelegen: »Plaudereien nenne ich mein kleines Opus.« (S. 9) Aber damit bliebe man an der Oberfläche und ginge Pilati vermutlich sogar ein wenig auf den Leim. Nicht so sehr, weil man auch das Erscheinungsjahr, das Thema und adelige Herkunft des Verfassers in Betracht ziehen muss. Sondern weil man beim aufmerksamen und offenen Lesen schon nach den ersten Zeilen – manchmal stärker, manchmal schwächer – einen Unterton vernimmt. Eine leicht ironische Unterschwingung, die zwischen der ernsthaften Behandlung des Themas und seiner Infragestellung oszilliert. Und dabei – das ist mit das Schöne an diesem Buch – zwischen diesen beiden Polen die Balance hält.

Im Grunde ist es ein doppeltes Oszillieren. Einmal zwischen Ernsthaftigkeit und Ironie bezüglich der damaligen Etikette, ein Oszillieren, das Pilati selbst offenbar beabsichtigte, daneben aber als zweites, was Pilati kaum ahnen konnte, dasjenige, das aus dem Abgleich mit heute mehr als hundert Jahre später, dem heutigen Leben und den heutigen Gepflogenheiten entsteht. Das Oszillieren wird gewissermaßen dreidimensional.

Daraus ergibt sich ein zusätzlicher Reiz und Wert der Pilati'schen Plaudereien, wie man etwa an den Ausführungen zum »Besteigen eines Wagens« (siehe S. 133) erkennen kann. Im ersten Moment könnte man dazu neigen, diesen Abschnitt als überholt anzusehen. Nur mehr selten wird man heute in die Verlegenheit geraten — und darum geht es in dem Abschnitt —, zusammen mit einer Dame eine Kutsche zu besteigen und dabei auch noch den formvollendeten Kavalier geben zu wollen. Das Öffnen des Wagenschlages, sprich der Türe, kommt zwar auch dem heutigen Kavalier bekannt vor, beim Einsteigen behilflich zu sein jedoch nur mehr teilweise oder in Ausnahmefällen. Das ist heute weniger wichtig oder gar überholt, soweit es um die Herausforderung geht, in langen Kleidern, womöglich mit Schleppe, eine hohe Stufe zu einem schwankenden Gefährt zu erklimmen.

Auch lächelt man ein wenig ob des »Ehrenplatzes« rechts, auf dem die Dame zu sitzen kommen soll, und denkt sich schließlich, die Zeiten, in denen es überhaupt möglich war und damit eine Etikettefrage sein konnte, sich im Wagen an der Dame auf dem »Ehrenplatz« vorbei auf den linken Platz zu zwängen, sind endgültig vorbei. Außer vielleicht im Großraumtaxi. Doch das Stichwort »Taxi« lässt nachdenklich werden. Tatsächlich kennt man etliche dieser Punkte zwar vielleicht nicht exakt 1:1, aber übertragen auch heute, zum Beispiel, wenn man ein Taxi heranwinkt und dann beide am rechten Fahrbahnrand von rechts einsteigen wollen. Auch heute noch gilt der Platz hinter dem Beifahrer, also rechts hinten, als der bevorzugte Platz, man könnte durchaus sagen, als Ehrenplatz. Ihn wird man also einer Person anbieten, die man besonders gut behandeln möchte. Und die Frage, die sich heute stellt, ist, außer eben im Großraumtaxi, zwar nicht die, ob man sich an dieser Person vorbeizwängt, sondern ob man sie »durchrutschen« lässt, also im Wagen auf die andere Seite hinter den Fahrersitz, damit man nach ihr von rechts das Taxi besteigen kann.

Und plötzlich erkennt man, wie aktuell die Pilati'schen Ausführungen sind, und das nicht nur übertragen, sondern manche davon sogar für heute wörtlich passend. So zum Beispiel wenn er empfiehlt, nachdem man der Dame auf den Platz rechts von der rechten Wagenseite her geholfen hat: »um den Wagen herumgehen, von links einsteigen und sich auf die linke Seite der Dame setzen«. Dazu rät er noch, das dem Kutscher vorher anzukündigen, zu »avertieren«, damit er nicht losfährt, nachdem man die rechte Türe von außen geschlossen hat. Auch das zu frühe Losfahren hat man bei forschen Taxifahrern schon erlebt.

Zur Sicherheit ein zweites Mal liest man allerdings dann Pilatis Hinweis, dass es nicht immer einfach sei, um den Wagen herumzugehen und links einzusteigen: »z. B. auf einer belebten Berliner Straße, oder wenn man es sehr eilig hat«. Ja, man hat sich nicht getäuscht, der Verweis auf den zu starken Verkehr stammt aus dem Jahr 1904, nicht von heute. Was man aber doch wieder leicht an der etwas gestelzten sprachlichen Einrahmung dieses modernen Halbsatzes erkennen kann: »Sind Ort und Zeit zur Entfaltung dieses immerhin etwas umständlichen Zeremoniells nicht geeignet ..., so wird man es als Formenmensch doch immer zu vermeiden suchen ...«

Sofern diese Einrahmung nicht doch ironisch gemeint war, was man spätestens dann vermuten darf, wenn man Pilatis Schlusssatz zu diesem Abschnitt gelesen hat: »Es soll ja im Menschenleben noch größeres Unglück geben, als diese Abweichung vom Etikettenschema.«

Die Plaudereien erschienen zunächst in der Zeitung »Deutsche Warte«, in Zwischenräumen, meist in den Sonntagsausgaben, wie Pilati im Vorwort selbst schreibt. Die »Deutsche Warte« wiederum erschien von 1890 bis 1922 täglich, zum Teil in mehreren Ausgaben, unter anderem im »Deutschen Druck- und Verlagshaus G.m.b.H.«[1], das dann auch die Etikette-Plaudereien als Buch verlegte. Interessanterweise verzeichnet das Buch »Berlin und die Berliner. Leute. Sitten. Dinge. Winke«, erschienen 1905[2] als Redakteur der Deutschen Warte Max Graf Pilati von Thassul zu Daxberg, bei dem es sich um den neun Jahre älteren Bruder von Eustachius handeln dürfte[3]. Dass Pilati seine Kolumnen unter dem Pseudonym E.

von Thassberg dort veröffentlicht hat, könnte also nicht nur dem Wunsch nach Anonymität eines Grafen für derartige Plaudereien entsprungen sein, sondern auch der Überlegung, wie es aussieht, wenn der Bruder des Redakteurs mit einer Kolumne beauftragt wird. Immerhin veröffentlichte Pilati dieselben Kolumnen im Buch, das nicht mehr der Redaktion des Bruders unterstand, dann unter seinem echten Namen.

Der Brockhaus von 1896 bezeichnet die »Deutsche Warte« als unparteiisch, sie nehme aber industrielle Interessen wahr und habe zur Regierung nähere Beziehungen gewonnen.[4] An anderer Stelle findet sich der Hinweis, die »Deutsche Warte« habe neben den Interessen der Industrie die des Beamtentums vertreten.[5]

Diese Beschreibungen lassen die »Deutsche Warte« als bürgerliche Zeitung erscheinen, und wenn man vor diesem Hintergrund versucht, Pilatis Kolumnen – und somit auch die Etikette-Plaudereien – einzuordnen, kommt man zu einer interessanten Erkenntnis: Ein Vertreter des Adels erläutert, an Vertreter des Bürgertums gerichtet, die Etikette, das Benehmen, das Auftreten. Er gibt gewissermaßen Einblicke in die höheren Kreise und ermöglicht somit dem Leser, sich dort »richtig« zu verhalten, korrekt aufzutreten. In dieser Hinsicht lassen sich die Plaudereien in eine Reihe mit zwei der beiden bekanntesten Benimmbücher überhaupt bringen: Adolph Freiherr von Knigges »Über den Umgang mit Menschen«

und Baldassare Castigliones »Buch des Hofmanns«, kurz: »Der Hofmann«. Beide Verfasser sind selbst adelig, Knigge ein Freiherr, Castiglione ein Graf, verfolgten einen explizit demokratischen, zumindest in Teilen fast schon egalitären Ansatz: Beide wollten mit ihren Büchern Menschen ermöglichen, in der Gesellschaft aufzusteigen, die gesellschaftlichen Schranken durchlässiger machen.

Knigge etwa meinte, es sei schwierig, in einer Gesellschaft, die nicht die eigene ist, als Außenstehender – man möchte einfügen: als Aufsteiger – zurechtzukommen und damit akzeptiert zu werden;

»folglich ist es wichtig, für jeden, der in der Welt mit Menschen leben will, die Kunst zu studieren, sich nach Sitten, Ton und Stimmung anderer zu fügen«.[6]

Castiglione wollte seinen eigenen Worten zufolge mit seinem Buch »Der Hofmann« zeigen,

»wie das höfische Betragen eines Manns, der am Hof eines Fürsten lebt, sein müsse, damit es ihm ermögliche, seinem Herrn in allen billigen Dingen angemessen zu dienen, und er sich so seine Gnade und das Lob der übrigen Leute erwerbe ...«[7]

Beide Bücher entstanden in Zeiten des Umbruchs, »Der Hofmann« 1528 in der Renaissance, »Über den Umgang mit Menschen« 1788 ein Jahr vor der Französischen Revolution. Beide Bücher befriedigen somit ein Bedürfnis, das durch die zunehmende soziale Mobilität in der Gesellschaft entstanden war, und fördern dadurch auch diese soziale Mobilität: Wer aufsteigen wollte, konnte in ihnen erfahren, wie er sich benehmen musste, um das zu erreichen. Beide Bücher haben dafür ein ähnliches Rezept: Knigge empfiehlt »sich nach Sitten, Ton und Stimmung anderer zu fügen«, Castiglione »seinem Herrn in allen billigen Dingen angemessen zu dienen«.

Knigges Buch liegt wesentlich mehr zugrunde als das, was man mit seinem Namen verbindet, das klassische Benimm, ihm geht es um den richtigen Umgang, das, was man den Menschen schuldet, ein moralisch gebotenes Behandeln. Dennoch empfiehlt er, sich so zu verhalten, wie es erwartet wird, sich »zu fügen«. Er stellt die Ordnung als solche nicht in Frage und zeigt, wie man sich in der Ordnung verhalten soll. Gleiches gilt für Castiglione, der meint, man solle seinem Herrn »angemessen [...] dienen«, womit man sich nicht nur die Gnade des Herrn, sondern auch das »Lob der übrigen Leute erwerbe«.

Pilati bleibt demgegenüber einerseits einen Schritt zurück, andererseits geht er einen Schritt weiter. Zurück bleibt er insofern, als er sich auch schon der Bezeichnung nach ausdrücklich auf die Etikette beschränkt und damit auf die Form.

Andererseits geht er darüber hinaus, als er diese Form, die ja in der Etikette per se als gegeben und mehr oder weniger starr ist, vielleicht nicht zur Disposition, aber doch in Frage und an manchen Stellen sogar ausdrücklich hintanstellt.

Einerseits erklärt Pilati Fragen der Etikette und hilft somit dem Unerfahrenen, sich korrekt zu benehmen, nicht oder allenfalls positiv aufzufallen. Andererseits stellt er an vielen Stellen die Etikette eher in Frage, ja, macht sie teilweise sogar ein wenig lächerlich.

Diesen etwas anderen Ansatz vermag man schon in der Einleitung zu erkennen. Die Sätze, die den von Knigge und Castiglione eben zitierten entsprechen, lauten bei Pilati:

»Wenn auch Vornehmheit des Charakters unvergleichlich höher steht wie jene äußere Vornehmheit, so ist diese letztere, die sich in tadellosem Benehmen, in guten Manieren kundgibt, doch keineswegs zu unterschätzen. Wer infolge seiner sozialen Stellung oder aus irgend anderen Gründen − z.B. angeregt durch eine keineswegs tadelnswerte Eitelkeit − das Bestreben hat, auch durch äußere Formen zu gefallen, den dürften diese Zeilen interessieren. Guter Inhalt wird noch mehr gewürdigt in schöner Schale, und ein edler Mensch wird durch ein vornehmes Äußere sicher gewinnen, ja sogar sich oft erst dadurch zur verdienten Geltung bringen.« (S. 11 f.)

Pilati beginnt seine Ausführungen zur Etikette also mit einer ausdrücklichen Einschränkung ihres Werts, stellt tadelloses Benehmen und gute Manieren unter die »Vornehmheit des Charakters«. Dann aber schränkt er diese Einschränkung selbst wieder ein, indem er auf den Wert des vornehmen Äußeren mit einem kleinen Kunstgriff verweist: Der edle Mensch würde sich »oft erst dadurch zur verdienten Geltung bringen«. Dieser fast schon rhetorisch zu nennende Kniff spannt den Gegensatz auf zwischen der inhaltlichen Wertlosigkeit der äußeren Form und ihrem Wert. Ein Gegensatz, der sich durch das Buch zieht und den Pilati auf unterschiedliche Weise darstellt und behandelt. Häufig durch Humor, aber auch in einer Weise, die eben über das von Knigge und Castiglione empfohlene »sich fügen« hinausgeht.

Zunächst stellt Pilati an mehreren Stellen den »Takt des Herzens«, wie er es nennt, über die starre Etikette:

»Im Allgemeinen aber soll man keine Scheidewand ziehen zwischen Etikette und zwischen wahrem, innerem Taktgefühl, dem Takt des Herzens. Die Etikettenregeln sind entschieden die besten, die sich vor dem Herzen und dem Verstande des Menschen, dem sogenannten gesunden Menschenverstand, rechtfertigen und begründen lassen.« (S. 54)

»Außer durch Takt des Herzens, wie im eben erwähnten

Beispiel, wird man oft durch seinen natürlichen Menschenverstand, durch irgend einen logischen Grund sich veranlasst sehen, in seinem Benehmen von dem abzuweichen,
was für das Vornehmste gilt.« (S. 16)

An anderen Stellen verweist er auf ein natürliches Taktgefühl
und bezeichnet dabei die feststehenden Regeln, die üblicher-
weise die Etikette auszeichnen, sogar als »Formenkram«:

»Natürliches Taktgefühl steht höher als aller Formenkram.« (S. 145)
»Natürliches Taktgefühl zu besitzen und sich davon leiten
zu lassen, ist tausendmal besser, als sich in seinem Verhalten
überall stumpfsinnig und sklavisch nach feststehenden Anstandsregeln zu richten.« (S. 15)

Um dann schließlich – für ein Etikettebuch, noch dazu Anfang
des 20. Jahrhunderts doch überraschend – an etlichen Stellen
das natürliche Benehmen als das vornehmste zu preisen:

»Unsere derzeitigen Anstandsbegriffe gehen darauf hinaus,
sich so zu geben, wie man ist.« (S. 76)
»Was man tut, ist vornehm.« (S. 83)
»Eine unnatürliche Handlungsweise ist auch unvornehm.«
(S. 210)

»Das einfachste und natürlichste Benehmen ist auch das Vornehmste und vom Standpunkt der Etikette aus das Richtigste.« (S. 144.)

»Alles ist richtig, wofür ich einen logischen Grund habe.« (S. 22)

An zwei Stellen spielt Pilati sogar damit, dass im Wort »Etikette« auch »Kette« steckt, womit er die althergebrachte Idee von Etikette, die ja feste Vorgaben liefert, abwertet und betont, dass sie das gerade nicht sein sollte:

»Übrigens soll die Etikette keine Kette, keine bindende Sklavenkette sein.« (S. 141)

»Die Etikette soll unseren äußeren Verkehr mit einander formell veredeln und verschönen, aber die Etikette soll keine freiheitsraubende Kette sein.« (S. 174.)

»Keine bindende Sklavenkette«, »keine freiheitsraubende Kette«, fast meint man, ein revolutionäres »Sprengt die Ketten!« durchzuhören. Das alles unterscheidet Pilatis Etikette-Plaudereien von Castigliones »Der Hofmann« und Knigges »Über den Umgang mit Menschen«. Beide Bücher stellen das Gegebene wesentlich weniger in Frage und konzentrieren sich darauf, Empfehlungen zu geben, wie man sich mit dem Gegebenen am besten arrangiert, um nicht zu sagen, es für seine Zwecke nutzt. Dass dies nicht negativ sein muss, zeigt vor allem Knigge, der mit seinem Buch auch darauf abzielt, tatsächlich den Umgang mit Menschen zu verbessern. Dennoch zeigen die beiden Bücher abgesehen von der Ermöglichung des Aufstiegs und damit der Öffnung der Gesellschaft wenig Drang zur Veränderung. Zumindest in Ansätzen findet man das jedoch bei Pilati, und man kann sich überlegen, ob das der Erscheinungszeit geschuldet ist, dem sich deutlich abzeichnenden Fin de Siècle am Beginn des 20. Jahrhunderts.

Trotz alledem darf man nicht übersehen, dass ungeachtet dieser modern erscheinenden Ansichten Pilati weit davon entfernt ist, ein Sozialrevolutionär zu sein. Ein Satz verrät vielleicht mehr als etliche andere die Grundhaltung, die man neben aller Ironie und Modernität hinter dem Buch ebenfalls spürt: Pilatis Betrachtungen und Empfehlungen, die Etikette nicht zu hoch zu bewerten, sich über sie hinwegzusetzen, sich möglichst natürlich zu benehmen, erfolgen von einer hohen Warte aus. Damit ist nicht die Warte desjenigen gemeint, der die Etikette beherrscht – diese Warte zu haben ist sinnvoll, wenn man Betrachtungen anstellen und über die Sinnhaftigkeit ihrer Einhaltung schreiben will. Gemeint ist eine gesellschaftlich hohe Warte. Es geht um folgenden Satz, der stellvertretend für etliche weitere Andeutungen steht:

»Es liegt auf der Hand, dass an innerem Anstand der Niedertupfer-Toni, Bergführer in Oberbayern, der in benagelten Schmierstiefeln zur Hochzeit geht, einen belackschuhten Löwen des Salons unter Umständen überragt.« (S. 186)

Oberflächlich ergreift Pilati mit diesem Satz Partei für den einfachen Mann, der die Etikette nicht beherrscht, weil er sie nie gelernt hat, indem er dessen »inneren Anstand« über den des Salonlöwen stellt. Dieser Salonlöwe ist für Pilati an mehreren Stellen ein Begriff für jemanden, der die Etikette perfekt, vielleicht sogar zu perfekt beherrscht, sich an sie hält und daraus nicht nur seinen Vorteil, sondern sogar seine gesamte Stellung bezieht. Die Formulierung aber, mit der Pilati Partei für den einfachen Mann ergreift, erinnert fast an einen Ethnologen, der fremde, »wilde« Völker und Menschen erforscht und sich dabei von ihnen deutlich abgrenzt. Natürlich kann man der Formulierung zuguterechnen, dass sie wohl in erster Linie humorvoll gemeint ist. Und auch die Tatsache, dass der Name desjenigen, um den es geht, mit »Nieder-« beginnt, könnte mehr einem sprachspielerischen Gegensatz zu »Oberbayern« geschuldet sein als einer subtilen Abwertung. Dennoch zeichnet dieser Satz eine nicht unbedingt sehr schöne Karikatur dieses Menschen, vor allem aber eine distanzierende, aus der man eine Haltung ihres Urhebers erkennen kann.

Was der Qualität und auch Schönheit der Pilati'schen Plaudereien keinen Abbruch tut.

Begeistert von dem, was ich gefunden hatte, begann ich Freunden einzelne Abschnitte vorzulesen, die sie genauso witzig und treffend fanden. Und wir alle wunderten uns, warum dieses Buch so wenig bekannt war. Vor allem aber fanden wir es schade, dass dieses kleine Juwel nur mehr in Einzelausgaben antiquarisch erhältlich war, weshalb es einem breiteren Publikum vorenthalten blieb und nicht die Beachtung erhielt, die es verdiente. Deshalb schlug ich meinem Verlag vor, das Buch neu zu verlegen. Erfreulicherweise stieß dieser Vorschlag auf Widerhall, und wir beschlossen eine editierte Neuauflage in einer leicht modernisierten Ausgabe, die sich in ihrer äußeren Gestaltung an die Originalausgabe von 1904 anlehnt.

Allerdings entschieden wir uns dafür, eine Auswahl der Texte der Originalausgabe zu treffen. So wie viele der Texte fast zeitlos zu sein scheinen und auch heute noch gelten, andere aus heutiger Sicht gesehen und in Bezug zu heute einen zusätzlichen Reiz entwickeln, sind wieder andere schlicht überholt, nicht mehr relevant und teilweise sogar schwer verständlich. Bei Letzteren haben wir von einem Abdruck abgesehen. Zudem habe ich die Texte thematisch sortiert, wo nicht vorhanden, Überschriften ergänzt und Nachträge, die oft an ganz anderer Stelle erfolgten, an den Stellen, auf die sie sich beziehen, eingefügt. Die Texte wurden zu diesem Zweck behutsam redigiert, die Rechtschreibung den heutigen Regeln angepasst.

Berlin, im Sommer 2016

Rainer Erlinger

Anhang

Eustachius Eduard Adolf Rudolf Graf Pilati von Thassul zu Daxberg
geboren am 20. September 1870 in Reichenbach / Schlesien[8]
gestorben am 25. Juli 1941 in Dresden[9]

Etikette-Plaudereien
Deutsches Druck- und Verlagshaus G.m.b.H.
Berlin SW. 68, Lindenstraße 26

Erste Auflage Berlin 1904
Zweite Auflage (4.–6. Tausend) Berlin 1906
Dritte Auflage (7.–9. Tausend) Berlin 1907
(Vorwort gezeichnet: »Bernau i. d. Mark, im Juli 1907«)
Vierte Auflage (10.–12. Tausend) Berlin 1910
(Vorwort gezeichnet: »Charlottenburg, im Sommer 1910«)

Dritte und vierte Auflage erschienen in einer einfacheren Aufmachung.

Die Vorworte zur 1. und 2. Auflage sind textidentisch.
Das Vorwort zur 3. Auflage ist erweitert um folgende Ergänzung:
»Am Ende des Buches sind in dieser neuen Auflage Auszüge aus einigen
Kritiken wiedergegeben, die mich wohl zu der Hoffnung berechtigen,
dass zum mindesten manchem manches in meinem Buche lesenswert
erscheinen wird.«

Das Vorwort zur 4. Auflage ist erweitert um folgende Ergänzung:
»Hofschauspieler und Dichter-Humorist Otto Sommerstorff[10], Verfasser von ›Scherzgedichte‹ erfreute mich durch folgende Kritik meines Buches:
›Ein Buch, das mit Geschmack und Geist
Im guten Ton uns unterweist,
Und das uns mit Humor belehrt,
Dass viel noch im Verkehr – verkehrt,
Und dass der Takt des Herzens mehr
Als Form und Norm zu schätzen wär',
Dass Kleidung, Titel, Geld allein
Noch lang nicht Vornehmheit bedeute, –
Kurz, dass wir sollen Menschen sein,
Und nicht bloß ›feine Leute‹!‹«
Auszüge aus einigen anderen Kritiken sind im Folgenden wiedergegeben.

Schlussseite der dritten und vierten Auflage:

Auszüge aus einigen Kritiken

Sport im Bild: »… Der Verfasser hat mit scharfer Kritik, mit derbem Humor und prächtiger Offenheit in unser modernes Gesellschaftsleben hineingeleuchtet und seine Schwächen aufgedeckt … er sagt genau, was die Etikette … verlangt … er stellt – ohne dabei zu weit zu gehen – den Takt des Verstandes und des Herzens über alle jene Gesetze, die übermäßige Prüderie und Pedanterie vorschreiben zu müssen glauben.«

Freiherr Friedrich v. Dincklage-Campe: »… Mit einem wahren Wohlbehagen berührt die Lektüre dieses frisch und humorvoll geschriebenen

Buches ... ich möchte den Leser sehen, der nicht neben der Erheiterung dennoch irgendwo eine Belehrung gefunden hätte – und sei es der erfahrene Hofmann! ...«

Berliner Tagblatt: »... Vom Essen und Sprechen, von Festen und von Trauerformen, von Toilettensorgen, Tafelschmuck und Trinkgeldern, vom Zutrinken, Vorstellen und Handküssen und von vielem ähnlichen, was zumal unsere Frauenwelt interessiert, wird da viel geplaudert und immer wieder in anregenden und von gutem Geschmack geleiteten Worten ...«

Wiener Fremdenblatt: »... Der Verfasser ist entschieden ein Berufener in Fragen des guten Tons. ... besitzt Humor genug, seine Erfahrungen in puncto Lebensart mit Laune mundgerecht aufzutischen ... ebenso amüsant als lesenswert.«

Fürs Haus: »... wie jedes gute eindringliche Buch mit Vergnügen mehrmals lesen. ... humorvollen, leicht fasslichen Stil ... Man könnte das famose Buch ›lachende Briefe eines Etikette-Philosophen‹ nennen; ... interessant, ... warmherzig und vernünftig abgefasst.«

Deutsche Tageszeitung: »... weiss die Formen eines vornehmen und sicheren Betragens in überzeugender Weise auch zu begründen. ... versetzt durch witzige Bemerkungen und gewandte Erläuterungen in behagliche Stimmung. Wer nicht mehr lernen zu müssen glaubt, wird doch an der schriftstellerischen Art seine Freude haben. ... das flotte Büchlein, das wenigstens in einer Nummer in jedem Haus vorhanden sein sollte ...!«

Anmerkungen

1 Staatsbibliothek Berlin, Katalog, Deutsche Warte: Berliner Tageszeitung für Politik und Gesellschaft, geistiges u. wirtschaftliches
Leben; Börsen- und Handelszeitung, ZDB-ID: 958 852

2 J. Bielefelds Verlag in Karlsruhe, 1905, S. 206, Nachdruck Unikum
Verlag, Bremen 2011

3 Geboren am 20. Mai 1851 in Liegnitz, Eintrag Nr. 43 in der Generation
13 in http://patricus.info/Rodokmeny/Pilati.txt

4 Brockhaus' Konversationslexikon, Autorenkollektiv, F. A. Brockhaus
in Leipzig, Berlin und Wien, 14. Auflage, 1894–1896, 17. Band Sup-
plement, S. 318, Lemma Deutschland und Deutsches Reich, Zei-
tungswesen, online aufrufbar unter: http://www.retrobibliothek.de/
retrobib/seite.html?id=137223

5 Initiative Berliner Zeitungsviertel e. V., Berliner-Zeitungsviertel.de,
Das Eiserne Kreuz und der Emigrantenverlag (2). Buchdruckereien
und Verlage an der einstigen Prachtstraße, online aufrufbar unter:
http://zeitungsviertel.de/entries/view/35/2

6 Adolph Freiherr von Knigge, Über den Umgang mit Menschen,
Hannover 1788, Einleitung 2. a. E.

7 Baldassare Castiglione, Das Buch des Hofmanns, Venedig 1528, 1.
Buch Kapitel 1

8 Sterberegister Dresden 1876–1952, Nr. 1864/1941/II, Ern. 5497
http://geneall.net/de/name/1821829/eustachius-eduard-adolf-ru-
dolf-graf-pilati-von-thassul-zu-daxberg/
http://patricus.info/Rodokmeny/Pilati.txt, Generation 13, Nr. 45

9 Sterberegister Dresden 1876–1952, Nr. 1864/1941/II, Ern. 5497

10 Otto Sommerstorff, mit bürgerlichem Namen Otto Müller (geboren am 29. Mai 1859 in Krieglach in der Steiermark, gestorben am 3. Februar 1934 in Spital am Semmering, ebenfalls in der Steiermark), gebürtiger Österreicher, war tatsächlich Schauspieler in Berlin, am Deutschen Theater, am Berliner Theater und am Königlichen Schauspielhaus, daneben Verfasser komischer Gedichte und Mitarbeiter der »Fliegenden Blätter«, einer humoristischen illustrierten Wochenschrift, die in München erschien. Biographische Angaben nach: E. Marktl: Müller, Otto. In: Österreichisches Biographisches Lexikon 1815–1950 (ÖBL). Band 6, Verlag der Österreichischen Akademie der Wissenschaften, Wien 1975, S. 424, Online Edition: http://www.biographien.ac.at/oebl/oebl_M/Mueller_Otto_1859_1934.xml

Seitennachweise

Die Verweise beziehen sich auf die Seiten der Originalausgabe von 1904.

Register